ABITUR

Prüfungsaufgaben
mit Lösungen

2015

Englisch

Gymnasium
Baden-Württemberg
2014

STARK

ISBN 978-3-8490-1177-2

12. neu bearbeitete Auflage
www.stark-verlag.de

Inhalt

Hinweise und Tipps zum Abitur im Fach Englisch in Baden-Württemberg

Abiturähnliche Übungsaufgaben

Schriftliche Abiturprüfung

Jeweils im Herbst erscheinen die neuen Ausgaben
der Abiturprüfungsaufgaben mit Lösungen.

Autoren

Hinweise und Tipps zur Abiturprüfung: Redaktion
Tipps zu den einzelnen Aufgabenformen und Operatorenliste: Rainer Jacob
Abiturähnliche Übungsaufgaben 1, 4, 6, 8 und 11: Rainer Jacob
Abiturähnliche Übungsaufgaben 2, 3, und 9: Dr. Dirk Großklaus
Abiturähnliche Übungsaufgaben 5 und 10: Andrea Bailer und Elena Nowitzki
Abiturähnliche Übungsaufgabe 7: Lindsey Haas
Lösungen zur Abiturprüfung 2014: Dr. Erich Brauch

Vorwort

Liebe Schülerin, lieber Schüler,

bald werden Sie Ihre Abiturprüfung im Fach Englisch ablegen. Wir begleiten Sie auf Ihrem Weg zu einem guten Abschluss und helfen Ihnen, sich mit den Anforderungen des Abiturs in Baden-Württemberg vertraut zu machen.

Im vorliegenden Band finden Sie verschiedene Möglichkeiten, sich auf die **schriftliche Prüfung** vorzubereiten:

- Im Kapitel „**Hinweise und Tipps zum Abitur**" zu Beginn des Buches sind alle wichtigen Fakten zum Abitur im Fach Englisch zusammengefasst. Außerdem finden Sie hier wertvolle **Tipps zu den einzelnen Aufgabenformen** sowie eine **Liste ausgewählter Operatoren**. In dieser werden mögliche Aufgabenstellungen gesammelt dargestellt.
- Mit den **abiturähnlichen Übungsaufgaben** können Sie für die Prüfung trainieren und unter anderem das **Leseverstehen** und die **Mediation** intensiv üben. Durch die Bearbeitung ganzer Aufgaben bekommen Sie ein Gefühl für den Aufbau des Abiturs und die Ihnen zur Verfügung stehende Zeit. Alle Übungsaufgaben sind auf das **neue Schwerpunktthema** „Challenges and Choices in an Insecure World" abgestimmt. Mit Hilfe der unterschiedlichen Aufgabenstellungen zum Roman *Half Broke Horses* von Jeannette Walls und zum Film *Crash* von Paul Haggis können Sie zentrale analytische Aspekte des Pflichtkanons erarbeiten.
- Die **Original-Prüfung 2014** zeigt Ihnen, wie die neuen Aufgabenformen zum alten Schwerpunktthema umgesetzt wurden.

Zu jeder Aufgabe haben unsere Autoren vollständig auf Englisch ausformulierte **Lösungen** erstellt. Die grau gerauteten **Bearbeitungshinweise** helfen Ihnen bei der Erstellung und Überprüfung von eigenen Lösungen.

Sollten nach Erscheinen dieses Bandes noch wichtige Änderungen in der Abiturprüfung 2015 vom Kultusministerium bekannt gegeben werden, finden Sie aktuelle Informationen dazu im Internet unter:
www.stark-verlag.de/pruefung-aktuell

Viel Erfolg bei Ihrer Abiturprüfung!

Stichwortverzeichnis

Hinweise und Tipps zum Abitur im Fach Englisch in Baden-Württemberg

Allgemeine Hinweise und Tipps zur Abiturprüfung

Das Abitur im Fach Englisch kann sowohl als mündliche Prüfung als auch als schriftliche Prüfung abgelegt werden. Die schriftliche Abiturprüfung wird durch die Kommunikationsprüfung ergänzt, es handelt sich also um eine kombinierte Prüfung. Dieses Buch beschäftigt sich nur mit dem schriftlichen Teil der kombinierten Prüfung.

Aufbau der schriftlichen Abiturprüfung

Die schriftliche Prüfung im Fach Englisch dauert 180 Minuten. In der Prüfung werden insbesondere Ihre Lesekompetenz und Ihre Fähigkeiten, sich schriftlich in der englischen Sprache auszudrücken, abgeprüft. Sie ist in drei Bereiche gegliedert, die getrennt voneinander bearbeitet werden können. Als Hilfsmittel steht Ihnen ein **einsprachiges Wörterbuch** zur Verfügung.
Thematisch bezieht sich die Prüfung vorwiegend auf das **Schwerpunktthema** („Sternchenthema"). Darüber hinaus können in einzelnen Aufgaben auch landeskundliche Themengebiete angesprochen werden. Stellen Sie sich darauf ein, dass Sie für die Prüfung gute Kenntnisse in beiden Bereichen benötigen.
Im Folgenden finden Sie einige grundsätzliche Informationen zu den Aufgaben im Abitur. Genauere Hinweise zur Bearbeitung finden Sie unter der Überschrift „Tipps zu den einzelnen Aufgabenformen".

Leseverstehen

In der Aufgabe zum Leseverstehen wird Ihnen ein englischer Text vorgelegt, der thematisch in Bezug zum „Sternchenthema" steht. Es kann sich sowohl um einen Sachtext als auch um einen literarischen Text handeln, allerdings wird es kein Ausschnitt aus der im Rahmen des Schwerpunktthemas gelesenen Lektüre sein. In den Aufgaben wird geprüft, ob Sie den Text verstanden haben. Da nicht geprüft werden soll, ob Sie sich in der englischen Sprache ausdrücken können, finden sich hier sogenannte geschlossene (z. B. *True/False*-, Multiple-Choice- und Zuordnungsaufgaben) oder halboffene Aufgabenformen (z. B. Fragen mit Kurzantworten). Um zu garantieren, dass Sie die Lösung nicht einfach erraten haben, müssen Sie Ihre Antwort in der Regel durch einen Textbeleg stützen.

Textproduktion

Das Hauptaugenmerk der Prüfung liegt auf der Textproduktion. Sie ist in zwei Teilbereiche gegliedert, eine Analyseaufgabe und einen Kommentar bzw. eine interpretierende Schreibaufgabe.

Analyseaufgabe
Bei der Analyseaufgabe gibt es grundsätzlich zwei Möglichkeiten. Entweder bezieht sich diese auf den Text, den Sie bereits in der Leseverstehensaufgabe bearbeitet haben, oder die Aufgabe ist durch weiteres Material ergänzt. Hierbei handelt es sich entweder um einen weiteren kurzen Text oder um eine Grafik. Das zweite Material kann in der Fremdsprache verfasst sein, es kann sich jedoch auch um deutschsprachiges Material handeln. Ist dies der Fall, dann ist die Analyseaufgabe mit einer Sprachmittlungsaufgabe verknüpft. Häufig werden Sie Material A und B zueinander in Bezug setzen müssen. Zum Teil muss in dieser Aufgabe auch ein Bezug zu einem der im Rahmen des Schwerpunktthemas behandelten Werke hergestellt werden. Informationen dazu, wie diese Aufgabe im Einzelnen aussehen kann, finden Sie im Abschnitt „Tipps zu den einzelnen Aufgabenformen".

Kommentar / Schreibaufgabe
Im zweiten Bereich der Textproduktion stehen Ihnen zwei Aufgaben zur Auswahl. Eine davon bezieht sich auf das Schwerpunktthema, die andere behandelt ein Thema aus dem landeskundlichen Bereich.
Oft müssen Sie einen eher sachlichen Kommentar oder eine klassische Textinterpretation verfassen. Es kann jedoch auch ein situativer Rahmen geschaffen werden. Sie müssen dann beispielsweise einen Brief oder einen Tagebucheintrag formulieren, der sich auf einen der literarischen Texte aus dem Schwerpunktthemenbereich bezieht. Es wird von Ihnen erwartet, dass Sie den Bezugstext in Ihrer Lösung interpretieren. Dies setzt eine gute Textkenntnis und ein tiefer gehendes Textverständnis voraus. Auch ein landeskundliches Thema kann kreativ eingebettet sein. Es ist beispielsweise möglich, dass Sie einen Leserbrief oder eine Rede verfassen müssen.
Achtung: Bearbeiten Sie in eigenem Interesse wirklich nur eine der beiden Aufgaben. Sollten beide Aufgaben bearbeitet sein, wird nur eine davon bewertet, in der Regel die erste.

Hinweise und Tipps zur Kommunikationsprüfung

In einer globalisierten Welt nimmt nicht nur die Bedeutung der englischen Sprache als Schriftsprache zu, es wird auch zunehmend wichtiger, dass man mündlich in der Lage ist, in der Fremdsprache zu kommunizieren. Um die Bedeutung des mündlichen Sprachgebrauchs zu würdigen, müssen Sie neben der schriftlichen Prüfung auch eine Kommunikationsprüfung ablegen. Diese wird als **Einzel-** oder **Tandemprüfung** abgehalten. Ob Sie lieber alleine oder mit einem Partner geprüft werden wollen, ist Ihre Entscheidung.

Thematisch orientiert sich die Prüfung an den Inhalten, die laut Bildungsplan im Unterricht behandelt werden müssen. Auch das Schwerpunktthema kann Bestandteil der Prüfung sein. Ähnlich wie bei der schriftlichen Prüfung wird Ihnen als Impuls jedoch kein Ausschnitt aus den im Rahmen des „Sternchenthemas" behandelten Lektüren vorgelegt, sondern lediglich ein Text, der thematisch Bezug darauf nimmt. Besprechen Sie mit Ihrem Lehrer, auf welche Themen Sie sich gezielt vorbereiten können.
Unabhängig davon, welche Variante Sie gewählt haben, gliedert sich die Prüfung in zwei Abschnitte: das monologische und das dialogische Sprechen. In einer **fünfzehnminütigen Vorbereitungszeit** werden Ihnen **Impulse in englischer Sprache** vorgelegt. Es kann sich bei den Impulsen um schriftlich ausgeführte Texte oder bildliche Impulse (Grafiken, Diagramme, Karikaturen, Bilder …) handeln, es kann Ihnen aber auch ein Hörtext oder eine kurze Filmsequenz gezeigt werden. Erkundigen Sie sich vor der Prüfung bei Ihrem Fachlehrer, auf welche Art von Materialien Sie sich einstellen müssen. Gemeinsam mit dem Impuls erhalten Sie Aufgaben und evtl. Hinweise für den monologischen und dialogischen Teil der Prüfung. Der zusätzliche Einsatz von deutschsprachigen Texten in der Prüfung im Rahmen einer Mediationsübung ist möglich.

Als Hilfsmittel liegt Ihnen ein **einsprachiges Wörterbuch** vor. Verwenden Sie dieses aber nur dann, wenn Ihnen inhaltliche Aspekte des Materials oder der Aufgabenstellung, die Sie als wichtig einschätzen, unklar sind. Sie haben für die Vorbereitung nur begrenzt Zeit! Nutzen Sie diese, um sich hilfreiche **Notizen** zu Aspekten zu machen, die Sie in der Prüfung verwenden können. Die Notizen sollten stichpunktartig und kurz gefasst sein. Sie dienen Ihnen lediglich als Hilfe für eine inhaltliche Gliederung Ihres Vortrags/des Dialogs. Um sich sprachlich auf das einzustellen, was Sie gerne sagen möchten, können Sie einzelne Aspekte bereits im Kopf formulieren. Da Sie in der Prüfung frei sprechen müssen, ist es nicht sinnvoll, alles genau aufzuschreiben.

Der **zeitliche Rahmen** hängt von der Anzahl der Prüfungsteilnehmer ab. Die Einzelprüfung dauert etwa 15 Minuten, die Tandemprüfung mindestens 20 Minuten. Am Anfang der Prüfung steht das **monologische Sprechen** (etwa 5 Minuten pro Teilnehmer). Hier tragen Sie die Ergebnisse, die Sie zu der entsprechenden Aufgabe gesammelt haben, möglichst zusammenhängend vor. Falls Sie doch einmal ins Stocken geraten, lassen Sie sich nicht verunsichern. Versuchen Sie auf die Hilfestellung, die Ihr Lehrer Ihnen gibt, einzugehen und zu Ihrem Vortrag zurückzukommen. In der Tandemprüfung sehen Sie jetzt bereits das Material Ihres Tandempartners. Es ist wichtig, dass Sie diesem genau zuhören, da das monologische Sprechen in das dialogische Sprechen übergeht und Sie hier wichtige Aspekte, die Ihr Gegenüber genannt hat, aufgreifen können.
Achten Sie im **dialogischen Teil** der Prüfung (etwa 10 Minuten) auf ausgewogene Redeanteile. Ist Ihr Tandempartner sehr wortkarg, dann fragen Sie ihn gezielt nach seiner Meinung oder nach Aspekten, die er in seinem Vortrag genannt hat. Lässt Ihr Diskussionspartner Sie nicht zu Wort kommen, dürfen Sie ihn durchaus (höflich!) unterbrechen. Auch eine geschickte Gesprächsführung fließt in die Beurteilung mit ein. Wenn das Gespräch ins Stocken gerät oder sich von der Aufgabenstellung wegbewegt, kann Ihr Lehrer helfend eingreifen.

Bewertung der Abiturprüfung

Die schriftliche Prüfung und die Kommunikationsprüfung fließen im Verhältnis 2:1 in Ihre Abiturnote mit ein.

Die Beurteilung der **Kommunikationsprüfung** ist in drei Teilbereiche gegliedert: Aufgabenerfüllung und Inhalt, Strategie und interaktive Gesprächsfähigkeit sowie sprachliche Leistung. Wenn Sie im Bereich der Sprache viele Fehler machen, können Sie dies zum Teil durch eine gute inhaltliche Argumentation und geschickte Gesprächsführung ausgleichen und umgekehrt. Wird einer der drei Teilbereiche mit der Note „ungenügend“ bewertet, können Sie insgesamt maximal drei Punkte erreichen.

In der **schriftlich abgelegten Prüfung** können Sie bis zu 60 Punkte erzielen. Zehn Punkte gibt es auf die Aufgaben im Bereich der *Reading Comprehension* (zählt zum inhaltlichen Bereich). Die Textproduktion ist in zwei Aufgabenbereiche (Analyse und Kommentar/Schreibaufgabe) untergliedert, bei denen Sie jeweils 10 Punkte auf den inhaltlichen Bereich und 15 Punkte auf die Sprache bekommen können. Erzielen Sie im sprachlichen oder inhaltlichen Bereich der Prüfung lediglich eine ungenügende Leistung, dann kann Ihre Arbeit insgesamt nur mit maximal 3 Punkten beurteilt werden. Eine ungenügende Leistung liegt vor, wenn Sie von den 30 möglichen Punkten im inhaltlichen bzw. sprachlichen Bereich maximal 3 erreichen.
Insgesamt werden die folgenden Aspekte beurteilt:

- Werden die gestellten Aufgaben umfassend beantwortet?
- Werden die Regeln für die jeweilige Textsorte erfüllt?
- Ist der Text logisch und übersichtlich strukturiert?
  Werden *connectives* (Konjunktionen und verknüpfende Wendungen) verwendet?
- Ist bei einer Sprachmittlungsaufgabe der Adressatenbezug gewahrt?
- Ist die Wortwahl stilistisch angemessen? Wie umfangreich ist der Wortschatz?
- Ist die Syntax grammatikalisch richtig und abwechslungsreich?
- Beherrscht der Prüfling die Grundregeln der englischen Grammatik?
- Werden die orthografischen Regeln befolgt?

Tipps zur Vorbereitung

Die Abiturprüfung in Englisch kann auf zwei Ebenen vorbereitet werden: der sprachlichen und der inhaltlichen.

Die **sprachliche Vorbereitung** sollte rechtzeitig erfolgen. Größere sprachliche Defizite kann man in einem kurzen Zeitraum meist nicht mehr ausgleichen. Daher ist es wichtig, dass man regelmäßig längere zusammenhängende Texte verfasst. Wer die Möglichkeit dazu hat, sollte diese von jemandem Korrektur lesen lassen. Es gibt jedoch auch einige Dinge, die man kurz vor der Prüfung noch einmal üben kann, um sein Ergebnis zu verbessern. Ihnen ist bekannt, welche Aufgabenformen Sie im Abitur erwarten. Sammeln Sie vor der Prüfung noch einmal eine Reihe von Formulierungen, die Sie in den geforderten Textformen verwenden können. Hilfreiche Anregungen hierzu finden Sie im Bereich „Tipps zu den einzelnen Aufgabenformen“. Auch die *Reading Comprehension* kann man gut vorbereiten – und das muss noch nicht einmal als Arbeit empfunden werden. Die Lesekompetenz verbessert sich mit jedem Text, den man liest. Suchen Sie sich einfach Texte, die Sie interessieren – im Internet, im Buchhandel oder in Zeitungen. Achten Sie beim Lesen darauf, dass Sie den Gesamtzusammenhang verstehen. Nicht jedes Wort ist für das Textverständnis entscheidend.

Inhaltlich spielt natürlich das „Sternchenthema" eine wichtige Rolle. Die Übungsaufgaben im vorliegenden Buch beziehen sich auf das aktuelle Schwerpunktthema „**Challenges and Choices in an Insecure World**" und den dazugehörigen Pflichtkanon (Jeannette Walls' Roman *Half Broke Horses* und Paul Haggis' Film *Crash).* Wenn Sie sich noch intensiver in das Thema einarbeiten wollen, empfehlen wir die Interpretationshilfen zu *Half Broke Horses* (Best.-Nr. 2500311) und *Crash* (Best.-Nr. 2500321) des Stark Verlages.

Das Anfertigen der Prüfungsarbeit

Zeitplanung ist bei der Bearbeitung der Prüfung ein wichtiger Faktor. Einige Grundregeln können dabei helfen:

- Lesen Sie zunächst die Texte und Aufgaben durch und stellen Sie sicher, dass Sie diese verstanden haben. Halten Sie sich hierbei nicht damit auf, einzelne Vokabeln nachzuschlagen. Wichtig ist, dass Sie den Inhalt des Textes grundsätzlich erfasst und dass Sie die Aufgabenstellungen richtig verstanden haben. Viele Schüler machen den Fehler, dass sie sich zu lange mit dem Verstehen der Texte aufhalten und darüber hinaus die Aufgabenstellungen vergessen.
- Überlegen Sie sich, wie viel Zeit Sie für die jeweiligen Aufgaben in Anspruch nehmen möchten, damit Ihnen am Ende nicht die Zeit ausgeht.
- Gehen Sie bei der Erstellung Ihres Konzeptes nicht zu ausführlich vor. Das kostet Zeit und am Ende wird nur die ausformulierte Lösung bewertet. Vermeiden Sie es insbesondere, eine „Vorschrift" anzufertigen, die Sie dann noch einmal in Reinschrift übertragen. Nutzen Sie die Zeit lieber, um Ihre Lösungen logisch zu strukturieren und sie am Schluss noch einmal durchzulesen.
- Planen Sie also am Schluss noch Zeit für eine Korrekturphase ein (etwa die letzten 30 Minuten). Falls Sie für eine Aufgabe doch etwas länger brauchen als gedacht, haben Sie so einen zeitlichen Puffer.

Natürlich ist auch die **inhaltliche Planung** entscheidend. Auch hier einige wichtige Tipps:

- Ein bedeutender Teil der Konzeptarbeit ist die Arbeit mit dem Text. Markieren Sie wichtige Textpassagen und Zitate.
- Notieren Sie sich vor dem Verfassen der einzelnen Texte, welche Punkte Sie mit aufnehmen möchten (etwa wichtige Aspekte für die Analyse oder Argumente für Ihren Kommentar). Legen Sie dann fest, in welcher Reihenfolge Sie darauf eingehen wollen. Eine klare Struktur wirkt sich positiv auf die Beurteilung aus.
- Bleiben Sie beim Thema! Nachdem Sie sich überlegt haben, was Sie inhaltlich in Ihre Lösung aufnehmen wollen, überprüfen Sie noch einmal, ob die Punkte zur Fragestellung gehören.

Tipps zu den einzelnen Aufgabenformen

Zum besseren Verständnis der Anforderungen, die im schriftlichen Teil des Abiturs gestellt werden, lohnt es sich, einen kurzen Blick auf den theoretischen Hintergrund der Prüfung zu werfen. Die Ständige Konferenz der Kultusminister der Länder in der Bundesrepublik Deutschland (KMK) hat in den Einheitlichen Prüfungsanforderungen (EPA) Standards formuliert, die in der Abiturprüfung abgedeckt und überprüft werden sollen. Im Einzelnen handelt es sich um drei Anforderungsbereiche: Textverstehen, Reorganisation und Wertung.
Im Abitur in Baden-Württemberg ist der Aufgabenapparat, der diese Anforderungsbereiche abdeckt, in zwei Teile gegliedert:

- **Teil I *(Reading Comprehension)*** bezieht sich auf den Anforderungsbereich 1, das Textverstehen (= Leseverstehen).
- **Teil II *(Text Production)*** prüft in zwei Aufgaben die Bereiche 2 und 3 (Reorganisation/Analyse und Wertung).

Prüfungsteil *Reading Comprehension*

Allgemeine Informationen

Grundlage der Prüfung ist ein englischer Text, der sich **inhaltlich** am Schwerpunktthema orientiert. Folgende Vorlagen kommen infrage:

- ein Text von Jeannette Walls oder Paul Haggis oder
- ein Text eines anderen Autors zu dem Thema, das im „Sternchenthema" formuliert wurde, oder
- ein Sachtext zu den Werken, die im Schwerpunktthema genannt sind, bzw. ein Sachtext zu Jeanette Walls oder Paul Haggis oder auch
- ein Sachtext zu verschiedenen Themenbereichen und Aspekten des Schwerpunktthemas.

Grundsätzliches Vorgehen

Genaue Textkenntnis und präzise Aufgabenerfassung sind die wichtigsten Voraussetzungen für eine gute Lösung der Aufgaben. Nehmen Sie sich daher ausreichend Zeit, die Vorlage und alle dazugehörigen Aufgaben sehr sorgfältig zu lesen. Nutzen Sie die **Strategien**, die Sie sich im Bereich des Leseverstehens angeeignet haben. Durch ***skimming*** verschaffen Sie sich zunächst einen schnellen Überblick über den Inhalt des Textes (Worum geht es? Zusammenhang zum Schwerpunktthema, Standpunkt des Autors etc.). Dabei ist es noch nicht erforderlich, dass Sie alle Einzelheiten vollständig erfassen; es geht lediglich um ein erstes, grobes Verständnis der Vorlage. In der gleichen Weise verschaffen Sie sich einen Überblick über alle gestellten Aufgaben. Nach dieser ersten Phase erarbeiten Sie sich durch **intensives Lesen** eine gute Textkenntnis. Markieren Sie wichtige Stellen des Prüfungstextes und kennzeichnen Sie auch evtl. unklare Passagen, z. B. durch Fragezeichen oder eine Wellenlinie. Vielleicht werden sie Ihnen nach mehrmaligem Durchlesen durch den Zusammenhang verständlich. Anschließend lesen Sie alle Aufgaben noch einmal genau durch, bevor

Sie mit der Bearbeitung beginnen. Vertrauen Sie nicht zu schnell auf den unmittelbaren Eindruck, den Sie nach dem ersten Überfliegen der Aufgabenstellung gewonnen haben. Beantworten Sie nun zunächst die Aufgaben, die Sie mit Ihrem bisherigen Textwissen lösen können. Um passende Textbelege zu finden und um Aufgaben zu lösen, deren Beantwortung Ihnen schwerer fällt, sollten Sie vor allem die Lesestrategie ***scanning*** (suchendes Lesen) einsetzen. Hierbei „scannen" Sie den Text auf bestimmte Schlüsselwörter. Mithilfe dieser Lesestrategie können Sie wichtige Punkte schneller finden, als wenn Sie den Text noch einmal von Anfang bis Ende lesen. In der Regel folgen die Aufgaben der Textchronologie.

Mögliche Aufgabenformate

In der ersten Aufgabe der Prüfung geht es nur um das Leseverstehen, d. h., Sie sollen zeigen, dass Sie einen komplexeren Text verstehen. Am besten lässt sich das Leseverstehen mit den sogenannten **geschlossenen** und **halboffenen** Aufgaben testen. Dies sind Aufgabentypen, die Ihnen, wie die Prüfer es formulieren, einen „geringen oder mittleren Handlungs- bzw. Reaktionsspielraum" lassen, d. h., Sie müssen keinen – oder fast keinen – eigenen Text erstellen. Auf diese Weise soll ausgeschlossen werden, dass durch eine fehlerhafte oder missverständliche Formulierung der Eindruck entstehen könnte, dass Sie den Inhalt des Textes nicht verstanden haben.

Folgende Aufgabenformate können auftreten:

1. **Auswahlantworten**

   a) ***true/false statements***

   Beispiel: *Find out whether the following statements are true or false.*

   b) ***multiple-choice questions***

   Beispiel: *Answer the following multiple choice question. The question has only one correct solution. Tick the right box.*

   Beide Aufgabenstellungen *(true/false, multiple choice)* werden in der Regel durch einen Zusatz wie *Support your choice/decision with evidence from the text,* oder *Quote from the text to justify your answer,* ergänzt sein. Durch ein wörtliches Zitat der relevanten Textstelle sollen Sie deutlich machen, dass Sie die Antwort nicht einfach erraten haben.
   Lesen Sie die Aussagen bzw. die Auswahlantworten mehrmals durch, und lassen Sie sich nicht in die Irre führen. Oft sind Richtig-Falsch-Aussagen so formuliert, dass sie auf den ersten, flüchtigen Blick leicht lösbar erscheinen, doch beim näheren Hinsehen stimmt vielleicht nur ein wenig wichtiger Teil der Aussage und der bedeutendere ist falsch oder umgekehrt. Seien Sie daher vorsichtig und arbeiten Sie präzise. Falls durch die Aufgabenstellung gefordert, belegen Sie, dass eine Aussage richtig oder falsch ist, indem Sie auf den Text verweisen (z. B. durch ein Zitat und/oder die Zeilenangabe). Seien Sie auch hier genau, indem Sie das Original wörtlich zitieren und keinerlei Anpassungen oder gar Änderung vornehmen. Diese Regel gilt für das **wörtliche Zitieren allgemein** (Wiedergabe des Originals in Anführungszeichen). Oft wer-

den Sie nicht die gesamte Textstelle zitieren müssen, sondern nur deren Anfang und Ende (z. B. die ersten drei Worte und die letzten drei Worte).
Bei Multiple-Choice-Aufgaben sollten Sie darauf achten, ob lediglich eine der angebotenen Alternativen als Lösung anzukreuzen ist oder ob mehrere Antworten infrage kommen *(Tick which adjectives characterise the girl most appropriately.)*. Letzteres ist natürlich die etwas schwierigere Anforderung.

2. **Zuordnungsaufgaben**

   a) **Zuordnen von Textstellen zu Überschriften, weiteren Aussagen, etc.**

   Beispiel: *Match each paragraph of the text with a suitable heading. There are more headings than you need to use,* oder *The text mentions reasons for the development. Which of the following are mentioned in the text (total of five)?*

   Im ersten Beispiel sind die Überschriften vorgegeben und sollen den entsprechenden Textabschnitten zugeordnet werden. Im zweiten Beispiel sind bestimmte Aussagen (hier zu den Gründen für eine bestimmte Entwicklung) vorgegeben. Ein Teil dieser Aussagen findet sich in anderen Worten auch im Text. Sie müssen entscheiden, welche der Aussagen auch im Text getroffen werden. In der Regel ist ein Textbeleg gefordert.
   Es gibt noch verschiedene andere Formate im Bereich der Zuordnungsaufgaben. Ein beliebter Typ sind etwa Aufgaben, bei denen im Text Lücken enthalten sind, denen Sie vorgegebene Sätze oder Halbsätze zuordnen müssen, um so den Gesamttext zu rekonstruieren.

   b) **Bestimmung der logischen Reihenfolge vorgegebener Informationen *(sequencing)***

   Beispiel: *Put the statements into the correct order,* oder *Re-establish the logical order of the arguments as presented in the text.*

   Die Informationen werden in ungeordneter, d. h. nicht chronologischer Reihenfolge vorgelegt. Lesen Sie nacheinander die Informationen und suchen Sie in der Textvorlage die entsprechenden Aussagen. Markieren und nummerieren Sie diese. Anschließend erstellen Sie die richtige chronologische Reihenfolge. Auch hier ist es möglich, dass Sie Ihre Aussage durch ein Textzitat stützen müssen.

3. **Ergänzungsaufgaben**

   a) **Erstellung von Kurzantworten *(keyword-style answers)***

   Beispiel: *Give keyword-style answers and back your findings up with one suitable quote from the text.*

   Mögliche Aufgabenstellung: *How does Jennifer feel after the incident?* – Lösung: *sad* (cf. ll. 8/9). Falls gefordert, zitieren Sie als Beleg die Originaltextstelle. Denken Sie daran, dass im ersten Teil der Abituraufgabe der Fokus auf dem Leseverstehen liegt und daher keine längeren eigenen Formulierungen erwartet werden.
   Ähnlich: Überschriften zu Textabschnitten finden, Tabellen vervollständigen

b) **Vervollständigung von Aussagen, fehlende Satzteile ergänzen**

Beispiel: *Students have to prove that they have sufficient funds to guarantee that …,* oder *Children from poorer families are at a disadvantage because …*

Ein Satzteil (z. B. die erste Hälfte einer Aussage) ist vorgegeben und Sie sollen aufgrund der Lektüre des Prüfungstextes den fehlenden Teil ergänzen. Hier kann es nötig sein, dass Sie eine sprachliche Anpassung vornehmen. Ähnlich: einen Dialog ergänzen *(guided dialogue)*

Prüfungsteil Textproduktion: Analyse

Im zweiten Abschnitt der schriftlichen Prüfung, der Textproduktion, begegnen Ihnen zwei Aufgabenformen. Diese decken die Anforderungsbereiche 2 (Reorganisation/ Analyse) und 3 (Wertung) ab. Bei der ersten Aufgabe handelt es sich um eine sogenannte **Analyseaufgabe**. Im zweiten Teil, der **Schreibaufgabe**, können Sie aus zwei Themen eines auswählen. Erläuterungen hierzu finden Sie weiter unten.
Aufgabe 1, die Analyseaufgabe, verlangt entweder einen Sachverhalt, der im vorgelegten Haupttext dargestellt wurde, zu erklären oder ihn zu einem der Werke des Schwerpunktthemas, bzw. einem zusätzlichen Text oder anderem Material in Bezug zu setzen, d. h. ihn damit inhaltlich zu verknüpfen bzw. zu vergleichen.

Aufgaben zur Analyse des Ausgangstextes

In diesem Bereich müssen Sie einen Text über das reine Textverständnis hinaus analysieren. Entscheidend ist nicht nur die inhaltliche Qualität Ihrer Antwort, sondern auch die sprachliche Richtigkeit. Daher sollten Sie bei der Ausarbeitung Ihre Aufmerksamkeit auch auf diesen Aspekt richten.

Beispiele: *Describe the president's reaction to the demands for migrant rights (lines 12/13),* oder *Describe the main character's reactions to …*

Bei dem vorgelegten Text kann es sich um einen Sachtext oder um einen literarischen Text handeln. Folglich sind in der Analyseaufgabe auch Aufgabenstellungen denkbar, die sich auf die Interpretation von Inhalt und Form des Ausgangstextes beziehen.

Beispiel: *Characterise the protagonist in the given excerpt,* oder *Analyse the narrative perspective in the given excerpt.*

Eine solche Fragestellung erfordert ein gewisses literarisches Vorwissen. Die wichtigsten Aspekte haben wir im folgenden Abschnitt für Sie zusammengefasst. Im Anschluss finden Sie noch einige Hinweise zur sprachlichen Analyse von Texten. Diese beziehen sich sowohl auf literarische Texte als auch auf Sachtexte.

1. **Interpretation eines fiktionalen Textes**
   Wenn Sie einen Ausschnitt aus einem fiktionalen Text interpretieren, sollten Sie über einige konstitutive Elemente, wie etwa erzählerische Mittel, Bescheid wissen. Zu den Aspekten, die es zu untersuchen gilt, da sie für eine Interpretation ergiebig sein können, gehören vor allem die Erzählsituation, die Behandlung der Zeit und die Charakterisierung einzelner Figuren.

Erzählperspektive: Für die Interpretation eines literarischen Textes ist die Analyse der Erzählperspektive (auch Erzählsituation oder Erzählhaltung genannt) wichtig, da durch den Blickwinkel des Erzählers und seine eigene Einstellung bestimmte Effekte erzielt werden. Unter Erzählperspektive *(point of view)* versteht man das Verhältnis zwischen dem Erzähler und dem erzählten Geschehen. Der Erzähler *(narrator)* darf nicht mit dem Autor *(author)*, dem Verfasser der Geschichte, gleichgesetzt oder verwechselt werden. Manchmal ist er als eigenständige Person klar zu erkennen, doch oft bleibt er ungenannt. Bei der Interpretation eines fiktionalen Textes müssen Sie also der Frage nachgehen: Wer erzählt das Geschehen? Welche Haltung nimmt der Erzähler zu den Ereignissen ein? Im Prinzip unterscheidet man drei grundlegende Erzählsituationen:

a) **Auktoriale Erzählsituation** (allwissender Erzähler, *omniscient narrator*): Der Erzähler ist der Vermittler zwischen Autor und Leser. Er steht außerhalb der Ereignisse, bewahrt Distanz zum Geschehen, kommentiert es zuweilen und wendet sich evtl. auch direkt an den Leser. Es entsteht der Eindruck einer objektiven Vermittlung der Vorgänge, die für sich selbst sprechen und aus denen der Leser seine Meinung bilden soll. Man nennt dies berichtende Darstellung.

b) **Personale Erzählsituation** *(third-person-narrator)*: Hier fehlt der Vermittler zwischen Autor und Leser, das Geschehen wird aus der Perspektive einer Figur in der Geschichte in der 3. Person erzählt. Der Leser erhält den Eindruck, er verfolge das Geschehen unmittelbar und befände sich auf dem Schauplatz des Geschehens – wie der Zuschauer im Theater. Man spricht daher auch von dramatischer oder szenischer Darstellung. Was die Personen im Text denken, wird in Form von erlebter Rede oder innerem Monolog direkt vermittelt. Eine Mischung zwischen auktorialer und personaler Erzählsituation wird als *third-person-omniscient* bezeichnet.

c) **Ich-Erzählsituation** *(first-person-narrator)*: Diese Erzählperspektive ist vergleichbar mit der personalen: Die Story wird aus der Perspektive einer Figur – hier in der 1. Person – vermittelt. Dabei unterscheidet man noch genauer zwischen „I as witness", d. h., der Erzähler ist Zeuge des Geschehens und steht am Rande der Ereignisse, und „I as protagonist", d. h., der Erzähler ist die Hauptfigur und übermittelt die Ereignisse aus seiner Sicht.

Die Behandlung der Zeit: Die Untersuchung dieses Aspekts gibt Aufschlüsse über die Erzählweise des Autors. Man unterscheidet zwischen erzählter Zeit und Erzählzeit. Die erzählte Zeit *(acting time)* ist die Zeit, über die sich das Geschehen erstreckt. Als Erzählzeit *(narrating time)* bezeichnet man die Zeit, die der Leser zur Lektüre benötigt. Aus dem Verhältnis zwischen Erzählzeit und erzählter Zeit lassen sich Rückschlüsse auf die Erzählweise *(mode of presentation)* ziehen. Zur Verdeutlichung: In dem Satz *„Five months passed in that way"* ist die erzählte Zeit fünf Monate und die Erzählzeit beträgt nur ein, zwei Sekunden. Die erzählte Zeit ist also größer als die Erzählzeit, d. h., in der Geschichte vergeht mehr Zeit, als der Leser zur Lektüre braucht. Man nennt dies Zeitraffung *(compression)*. Der Erzähler überspringt einen größeren Zeitraum, da er für seinen Bericht unwichtig ist. Wird ein Ereignis so ausführlich geschildert, dass man als Leser den Eindruck gewinnt, man nehme direkt als Beobachter teil, spricht man erzähltechnisch von Zeitdeckung *(correspondence)*, d. h., die erzählte Zeit entspricht ungefähr der Erzählzeit, der Leser benötigt also zum Lesen genauso viel Zeit, wie das Geschehen dauert. Mit dieser Technik erhält die Erzählung eine dramatische Wirkung.

Charakterisierung: Unter Charakterisierung versteht man die Art und Weise, wie ein Autor eine Figur zeichnet und deren Eigenschaften verdeutlicht. Bei der indirekten Charakterisierung *(implicit/indirect characterisation)* offenbart die Figur ihren Charakter durch ihre äußere Erscheinung, Kleidung, Gesten und Handlungen selbst. Direkte Charakterisierungen werden vom Erzähler oder von handelnden Personen unmittelbar über eine Person geäußert *("He was a mean and horrible man.")*. Die folgende Tabelle und die dazugehörigen Hinweise können bei der Erstellung einer Charakterisierung helfen:

Writing a Character Analysis

Remember:

- collect all factual information
- move from the outward appearance to the character's inner nature

Name of character	
Outward appearance Physique Clothes Movement, gestures Tone of voice, use of language Behaviour, manners	
Inner nature Motives and drives, attitudes Feelings and emotions	
Relationship to other characters	
Function in the story	

2. **Analyse von Sprache und Form**

Es kann ebenfalls Ihre Aufgabe sein, formale, stilistische Elemente *(stylistic devices)* der Textvorlage zu erarbeiten, da es nicht nur darauf ankommt, was ein Autor sagt (Inhalt), sondern ebenfalls darauf, wie er es sagt (Form) und warum er es so sagt (Funktion). Diese Textanalyse kann sowohl an fiktionalen als auch an nicht fiktionalen Texten durchgeführt werden. Entsprechend lauten die Arbeitsanweisungen: *Describe how the narrator creates the atmosphere in the excerpt,* oder *Analyse the rhetorical devices, taking into account the situations in which the speech is delivered.* In der Aufgabe müssen Sie den Zusammenhang zwischen Form und Inhalt in Bezug auf die Funktion klären. Sie untersuchen die Wortwahl (die Stilebene, das Register), den Satzbau und die rhetorischen Mittel

(Figures of Speech) und setzen sie in Beziehung zur jeweiligen Situation und Aussageabsicht des Verfassers/Redners bei Sachtexten bzw. des Erzählers/der Charaktere in literarischen Texten. Bei der Vorbereitung dieser Aufgabenform hilft Ihnen diese Auflistung wichtiger Stilmittel, mit denen eine sprachliche Äußerung verdeutlicht, veranschaulicht oder ausgeschmückt werden kann:

***Figures of Speech* (Redefiguren)**

Bezeichnung (englisch)	**Bezeichnung (deutsch)**	**Erklärung**	**Beispiel**
Alliteration	Alliteration, Stabreim	Mehrere Wörter beginnen mit dem gleichen Laut.	*Building, breaking, rebuilding.* (Robert Browning)
Antithesis	Antithese	Gegenüberstellung gegensätzlicher Begriffe und Gedanken	*To err is human, to forgive divine.* (Alexander Pope)
Ellipsis	Ellipse	Auslassung eines Wortes oder Satzteils	*Mastercard accepted.*
Euphemism	Euphemismus	Beschönigung; Unangenehmes mit angenehmen Worten sagen	*"Early retirement" = unemployment*
Hyperbole, Exaggeration	Hyperbel	Übertreibung	*He nearly died laughing.*
Irony	Ironie	Man sagt das Gegenteil von dem, was man meint.	*You broke that window really well!*
Metaphor	Metapher	Wort in übertragener Bedeutung; Bild, Vergleich (ohne „as" oder „like")	*All the world's a stage.* (Shakespeare, *As You Like It*)
Parallelism	Parallelismus	gleichartiger Satzbau	*What a day may bring, a day may take away.*
Paradox	Paradox	scheinbar falsche Aussage	*Fair is foul and foul is fair.* (Shakespeare, *Macbeth*)

Personification	Personifikation	Vermenschlichung, Verkörperung (in Gestalt einer Person)	*The day has eyes, the night has ears.*
Pun	Wortspiel	Der witzige Effekt beruht auf der Doppeldeutigkeit des gebrauchten Wortes.	*"We shot two bucks, but that was all the money we had."* (*buck* = 1. Bock; 2. Dollar)
Repetition	Wiederholung	zur Verstärkung einer Aussage	*Tomorrow and tomorrow and tomorrow.* (Shakespeare, *Macbeth*)
Rhetorical question	Rhetorische Frage	Scheinfrage, auf die keine Antwort erwartet wird	*How is it that a country that prides itself on its economic success could have so many very poor people?*
Simile (comparison)	Vergleich	Form des Bildes; ein Ausdruck zur Veranschaulichung	*My love is like a red, red rose.* (Robert Burns)

Hilfreiche Wendungen:

- *The text refers to/contains information about …*
- *The speaker/journalist/author says/maintains/points out/makes it clear/wants to make people aware of …*
- *He argues/proves/attacks/criticises/condemns …*
- *He praises/applauds …*
- *He makes fun of/ridicules …*
- *He gives/makes/delivers a speech on/about …*
- *He addresses (young/old) readers/a large crowd/the audience …*

Aufgaben zur Analyse eines weiteren Textes mit Bezug auf den Ausgangstext bzw. das Schwerpunktthema

Bei der Aufgabenstellung in Aufgabe 1 des zweiten Prüfungsteils kann Ihnen zusätzlich zum Ausgangstext noch weiteres Material vorgelegt werden. Möglich sind hier Bilder, Statistiken, Diagramme oder auch ein deutschsprachiger Text. Ihre Aufgabe besteht meist darin, den Sachverhalt bzw. die Aussage der beiden Materialien zu verknüpfen und/oder zu vergleichen. Daher treffen Sie in diesem Abschnitt auf Operatoren wie *compare, contrast, relate* etc.

Beispiele: *Compare the cartoon with the main point of the text,* oder *Relate the photo to the situation presented in the main text,* oder *Sum up the main argument of the author of Material B and relate it to Material A,* oder *Analyse the diagram and relate it to Material A.*

Es ist ebenso möglich, dass Sie die Aussage des Zusatztextes auf das Schwerpunktthema insgesamt beziehen sollen. Dann könnte die Aufgabenstellung z. B. lauten:

Contrast the view of the author of Material B on the American Dream with Lily's experiences in Half Broke Horses.

Bei der Lösung dieser Aufgabe ist es wichtig, dass Sie sich das Zusatzmaterial genauso sorgfältig erarbeiten wie den Ausgangstext. Erstellen Sie dann eine knappe Zusammenfassung, die Sie für Ihre strukturierte Lösung verwenden. Strukturiert bedeutet, dass Sie je nach Aufgabenstellung zuerst den Hauptgedanken aus dem Ausgangstext präsentieren, dann den des Zusatztextes und im dritten, entscheidenden Teil den Vergleich ziehen.

1. **Analyse eines Cartoons oder Bildes**
   Bei Bildern, Grafiken und Karikaturen handelt es sich um visuell codierte Informationen, d. h., der Zeichner, Grafiker oder Fotograf hat das, was er sagen möchte, verschlüsselt. Sie sollen nun die Aussage herausarbeiten und deutlich machen. Das Wort „**Cartoon**" hat im Englischen zwei Bedeutungen: Zum einen bezeichnet es Trickfilme, zum anderen Karikaturen in Zeitungen und Magazinen. Letztere sind für das Abitur relevant und können in zwei Kategorien unterteilt werden. Politische Karikaturen, die sich auf ein zumeist aktuelles politisches Thema beziehen (z. B. Terrorismus, Krieg), und Karikaturen, die eine allgemeine menschliche Schwäche (z. B. Rauchen, Fast-Food-Konsum) aufs Korn nehmen. Wie der Satiriker übertreibt der Karikaturist und setzt die Personen und ihr Verhalten der Lächerlichkeit aus, um die Betrachter auf falsche Verhaltensweisen aufmerksam zu machen.
   Halten Sie bei der Analyse eines Cartoons zunächst fest, was auf dem Bild zu sehen ist (Situation, Personen) und was geschieht (Aktion), also was diese Personen tun. Verwenden Sie wie bei einer Inhaltsangabe das Präsens in der einfachen Form *(The cartoon shows two people ...)* und in der Verlaufsform *(The men are working on ...)*. Der Beschreibung folgt die Interpretation. Dabei sollten Sie versuchen, etwa vorhandene Bilder und Symbole (die Taube steht z. B. für den Frieden) zu entschlüsseln und die dargestellte Situation auf eine politische oder gesellschaftliche Situation zu beziehen. Wichtige Fingerzeige für die Aufschlüsselung der Botschaft sind in diesem Zusammenhang natürlich auch die Bildunterschrift *(caption)* und die Aussagen der Personen in den Sprechblasen *(bubbles)*.
   Versuchen Sie anschließend, den Cartoon zum Text aus der Leseverstehensaufgabe bzw. zum Schwerpunktthema in Bezug zu setzen. Wird das gleiche Thema behandelt oder geht es nur um thematisch verwandte Bereiche? Stellt der Cartoon das Thema von der gleichen Position aus dar wie der Text oder bietet er eine gegensätzliche Sichtweise. Gibt es direkte inhaltliche Anknüpfpunkte, die sich für einen Vergleich eignen?

Die folgende Tabelle kann Ihnen bei der Erstellung Ihrer Analyse helfen:

Title of cartoon Identify title and / or caption	
Description Scene Persons (presented in a positive or negative light) Objects Action	
Interpretation/meaning Decipher symbols, icons and labels Relate the cartoon to the political or social situation Identify the cartoonist's point of view Explain the message	
Personal view Your own experience Do you agree or disagree with the cartoonist?	
Comparison Does the cartoon display the same topic as Material A/*Crash*/*Half Broke Horse*s? Does it have the same perspective? If not, which one is more convincing in your opinion?	

Hilfreiche Wendungen:

The cartoon shows …/In the cartoon, you can see …
In the background …/In the foreground …/In the centre of the cartoon …
On the left …/In the top right-hand corner you can see …/The left half shows …
The cartoon has a/no caption …
The cartoonist/artist illustrates …/wants to express the fact that …
The cartoon is a reference to …/refers to …/is a criticism of …
The message of the cartoon is …/The cartoon might suggest that …
It is an interesting, multi-layered cartoon …/an exaggerated view of …
To get across this message, the cartoonist …

Bei der Analyse eines **Bildes** geht man ähnlich vor wie bei der Analyse eines Cartoons. Hier muss man natürlich zwischen gestellten Bildern und „Schnappschüssen" unterscheiden. Auf einem gestellten Bild hat der Fotograf alle Elemente so arrangiert, dass sie seine Aussage unterstützen. Bei einer spontanen Aufnahme ist dies nur sehr begrenzt der Fall.

Zusätzlich zum Inhalt des Bildes spielt auch die Perspektive eine Rolle für die Analyse. Ist man nah am Geschehen oder weit entfernt? Wird das Motiv von unten, also aus Froschperspektive *(= low-angle shot, worm's-eye view),* oder von oben (Vogelperspektive = *high-angle shot, bird's-eye view*) gezeigt? Überlegen Sie sich, welche Rolle die Perspektive für die Wirkung des Bildes spielt.

2. **Beschreibung eines Diagramms**

Wenn es sich bei der visuellen Vorlage um ein Schaubild handelt oder wenn ein Schaubild in einen Cartoon eingefügt ist, müssen Sie die Art des Schaubilds und bei einem Kurvendiagramm den Kurvenverlauf beschreiben können.

Aufbau der Beschreibung

- Thema des Schaubilds benennen
- nähere Beschreibung des Schaubilds: wesentliche von unwesentlichen Informationen unterscheiden
- evtl. Zusammenhänge zwischen einzelnen Informationen aufzeigen
- evtl. Diskussion von Ursachen und Folgen
- Bezug zu Text aus Leseverstehensaufgabe/Schwerpunktthema

Diagrammarten

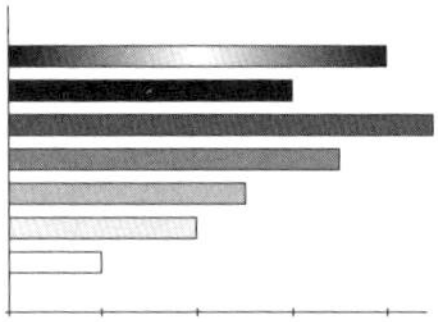

bar chart/graph
(Balken-, Säulendiagramm)

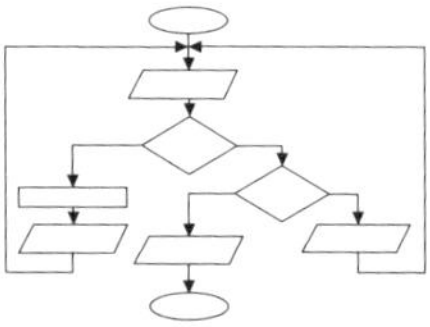

flow chart (Flussdiagramm)

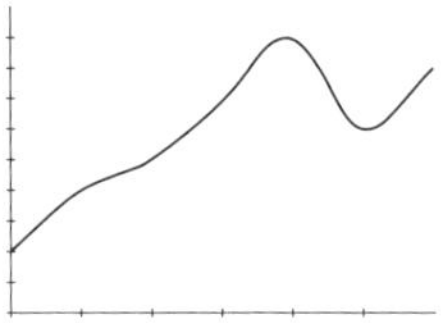

line graph (Kurvendiagramm)

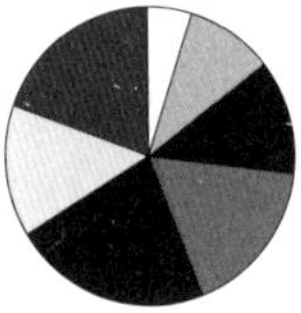

pie chart (Kreisdiagramm, Kuchendiagramm)

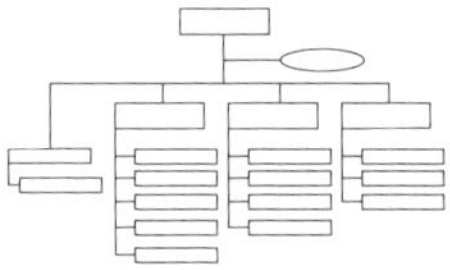

organization(al) chart (Organigramm)

Thema / Modulreihe	12.1 The Challenge of Individualism	12.3 Tradition and Change
GK verb.	Presentations	Presentations
GK verb.	I USA	Work and Industrialization
GK verb.	II Science and Technology	United Kingdom
GK fakultativ	III Them and Us	Extreme Situations

table (Tabelle)

Hilfreiche Wendungen:

The pie chart shows/compares …
As you can see from the line graph …
The bar graph demonstrates …
This table gives information about …
Its most significant feature is …
The figures in the table show that …
The figures prove that …

The statistics suggest that ...
The diagram makes it clear that ...
This implies that ...
There is evidence that ...

Beschreibung des Kurvenverlaufs

Zunahme

to rise/go up/increase by ... to ...	*Temperatures rose by 2 to 2.5 degrees.*
to rise/go up/increase from ... to ...	*Profits went up from 20 % to 25 %.*
an increase/a rise of ...	*There was an increase/a rise of 5 %.*

Abnahme

to drop/go down/decrease/ fall by ... to ...	*Expenses dropped by $ 55,000 to $ 320,000.*
to drop/go down/decrease/ fall from ... to ...	*Interest rates decreased from 18 % to 16 %.*
a drop/decrease/fall of ...	*There was a drop/decrease/fall of 2 %.*
a drop/decrease/fall in ...	*The company experienced a drop/decrease/fall in sales ...*

Qualitative Veränderung

slightly/steadily/dramatically/sharply	*Temperatures have fallen slightly.*
continually (stetig)/*gradually* (allmählich)	*Prices have gone up continually.*
significantly (deutlich)/*insignificantly* (unbedeutend)/*negligibly* (geringfügig)	*Growth is expected to rise insignificantly.*

3. **Sprachmittlung**
Außer bildlichem Material kann Ihnen als Zusatzmaterial auch ein deutschsprachiger Text als Grundlage für eine Sprachmittlungsaufgabe vorgelegt werden. Sprachmittlung (oder auch Mediation) bedeutet, vorgegebene Äußerungen oder Texte aus der einen Sprache in die andere zu übertragen. Nach dieser Definition gehören auch das (schriftliche) Übersetzen und das (mündliche) Dolmetschen zur Sprachmittlung. Doch im Unterschied zur Übersetzung geht es bei der Mediation im Abitur um die sinngemäße Übertragung in der Fremdsprache. Sie sollen also die wesentlichen Informationen eines Textes verständlich machen. Grundsätzlich kann Sprachmittlung in beide Richtungen erfolgen: vom Englischen ins Deutsche oder vom Deutschen ins Englische. In der Abiturprüfung werden Sie einen englischen Text erstellen müssen.
Bei der Bearbeitung dieser Aufgabe gehen Sie ähnlich vor wie bei der Erstellung eines *summary*. Lesen Sie die Vorlage mehrmals sehr sorgfältig und markieren Sie wichtige und auch unklare Stellen. Unterscheiden Sie wichtige von weniger wichtigen Inhaltselementen und fassen Sie die wichtigsten Aussagen kurz zusammen. Falls die Aufgabenstellung Ihnen vorgibt, nur bestimmte Aspekte des Textes herauszuarbeiten, die Sie ggf. zu Material A oder zum Schwerpunktthema in Bezug setzen sollen, dann beschränken Sie sich auf die entsprechenden Inhalte.

Die Mediation kann in einen kommunikativen Rahmen eingebettet sein, in dem eine Situation vorgegeben wird, in der Sie eine bestimmte Rolle übernehmen.

Beispiel: *Read the article from the German newspaper and write an email to a friend in England, informing him about the project of German students ...*

Prüfungsteil Textproduktion: Kommentar/Schreibaufgabe

In diesem Aufgabenteil werden Ihnen verschiedene Themen vorgelegt, von denen Sie eines auswählen. Inhaltlich bezieht sich eine Aufgabe meist auf das Schwerpunktthema, die andere auf die weiteren Themenbereiche des Lehrplans. Dazu gehören u. a. die Bereiche: Leben und Kultur Großbritanniens und der USA, die Beziehung zwischen Deutschland, den USA und Großbritannien, die derzeitigen Lebens- und politischen Verhältnisse in den USA und in Großbritannien auch in ihrer historischen Bedingtheit, Chancen und Probleme sozialen Wandels vor dem Hintergrund der Globalisierung sowie ausgewählte Aspekte eines weiteren, über die USA und Großbritannien hinausgehenden Teils der englischsprachigen Welt *(e. g. India)*.
Formal können ein eher sachlicher Text oder eine kreative Textform durch die Aufgabenstellung gefordert sein. Zu den sachlichen Textformen gehört der Kommentar, im Bereich *creative writing* kann es sein, dass Sie z. B. einen persönlichen Brief, einen Leserbrief, einen Tagebucheintrag, eine Rede oder eine Fortsetzung des Textes bzw. einen alternativen Schluss verfassen müssen. In jedem Fall müssen Sie einen längeren Text verfassen, der nicht nur inhaltlich gehaltvoll ist, sondern in dem Sie auch unter Beweis stellen, dass Sie sprachlich angemessen, korrekt und stilistisch anspruchsvoll formulieren können. Geprüft und bewertet wird, ob Sie über die relevanten syntaktischen Mittel sowie einen differenzierteren Wortschatz verfügen.

Beispiel (Kommentar): *"Nobody can give you freedom. Nobody can give you equality or justice or anything. If you're a man, you take it." Malcolm X Speaks, 1965 – Comment on the issue of equality with reference to the above quotation.*

Beispiel (kreatives Schreiben): *Write Lily's diary entry after the row with her daughter Rosemary,* oder *Write an interview, a letter about ...*

Im Folgenden finden Sie einige Tipps zu den jeweiligen Aufgabenformen:

1. **Schreiben eines Kommentars:**
   - nicht einseitig auf inhaltliche Aspekte konzentrieren
   - klare, überschaubare Sätze formulieren
   - Wiederholungen sowohl inhaltlich als auch sprachlich vermeiden: Synonyme oder Umschreibungen verwenden
   - Bezüge deutlich machen (wer ist mit *it, they* gemeint?)
   - Vermeiden Sie blasse, nichtssagende Formulierungen wie *somebody, something, etc., and so on*
   - Satzverknüpfungen *(linking words, connectors)* verwenden, um die Einzelsätze miteinander zu verbinden
   - Arbeitszeit gut einteilen, um eigene Formulierungen überprüfen zu können

Aufbau des Kommentars:

- Einleitung *(introduction)*: Hinführung zum Thema; Problem aufgreifen; Interesse des Lesers wecken (Zitat, provokative Aussage, persönliche Erfahrung)
- Hauptteil *(body, main part)*: neuer Absatz für einen neuen Gedanken/ein neues Argument; Argumentationsschema (siehe unten) beachten; Sätze sinnvoll verbinden (siehe *linkage words, connectives*)
- Schluss *(conclusion)*: keine neuen Gedanken oder Argumente; kurze zusammenfassende, wertende Aussage; wenn möglich: Bezug zur Einleitung herstellen

Argumentationsschema:

Vierstufiger Aufbau der Argumentation:

• Behauptung/These	*People in the US waste too much energy ...*
• Begründung	*because ...*
• Beleg/Beispiel	*As we can see from ...*
• Abschluss der Beweisführung (Schlussfolgerung, Fazit)	*Therefore I would say/think ...* *As a result ...* *Consequently ...*

Hilfreiche Satzverknüpfungen nach Aussageabsicht *(connectives, linking words):*

Aussageabsicht	**Satzverknüpfung**
• einen Gedanken hinzufügen:	*in addition, further, furthermore, also, besides, in the same way*
• das Gegenteil ausdrücken:	*yet, however, on the other hand, on the contrary, in contrast, in spite of*
• einen Vergleich anstellen:	*similarly, in the same way, likewise*
• eine Folgerung ausdrücken:	*consequently, therefore, as a result, hence*
• etw. einräumen:	*although, though, even if, after all, in any case*
• eine zeitliche Verbindung knüpfen:	*after, before, while, eventually, recently, lately, at last, in the end, in the past, when, as soon as*
• eine Begründung anführen:	*therefore, that is why, for this reason, because, since*
• eine Bedingung ausdrücken:	*if, unless, provided that, in case that*
• ein Beispiel anführen:	*for example, for instance, in other words*
• die Reihenfolge verdeutlichen:	*first, second, next, finally, in the end*
• einen Gedanken neu formulieren:	*in other words, that means, that is, that is to say*
• einen Gedankengang abschließen:	*in conclusion, in brief, in short, on the whole*

Hilfreiche Wendungen:

Aussageabsicht	**Formulierung**
• Argumente ordnen:	*First of all/To begin with I would like to ...* *Another (significant) reason/advantage/ consequence is ...*

	This brings us to the question of whether … *In addition/Moreover/Besides/Furthermore you cannot deny that …* *It is worth stating at this point that …* *But above all …*
• eigene Meinung ausdrücken:	*It seems to me …/It has been my experience …/ I've had a similar experience/In my experience/ As far as I can see …/The way I see it …* *I am afraid the author is wrong in saying/ claiming …* *I maintain that …/I am convinced that …/In my opinion/To my mind you can say /accept that …* *My main argument/My point is that …* *Surely/Obviously/Doubtlessly it is wrong to say that …* *The author is terribly/greatly mistaken in his conception of …* *Unfortunately/Regrettably he fails to see that …*
• auf die Gegenmeinung eingehen:	*All the same/Nevertheless it is wrong to say that …* *Contrary to public belief/the popular idea/ notion …* *Despite all those arguments we still face the problem that …* *In contrast to/As opposed to/Unlike the writer I think …* *It is true that … but it is definitely wrong to say that …* *We must not forget, however, that …*
• logische Folgerung ziehen:	*All this shows that it is unwise to assume that …* *From all this follows that …* *So/Therefore/That is why we cannot assume that …*
• Schluss formulieren:	*All in all I therefore reject the view that …* *In sum/In brief I cannot accept the suggestion that …* *To conclude/In conclusion/As a result you can safely say that …* *To sum up I am seriously opposed to the writer's position that …* *Weighing the pros and cons one comes to the conclusion that …*

2. **Kreative Aufgabenstellungen**
Im Wesentlichen sind folgende Aufgabenstellungen im Bereich „kreative Umgangsformen mit Texten“ möglich:

- **Kommentierung:** Sie sollen sich intensiv mit dem Thema, der Problematik oder auch den Figuren des Textes auseinandersetzen, z. B. in Form eines Leserbriefs, eines Interviews, einer Befragung, einer Gerichtsverhandlung oder auch einer Talkshow.
- **Weiterführung:** Sie sollen Elemente ausführen, die im Text ausgespart oder nur angedeutet sind, z. B. in Form eines inneren Monologs, eines Dialogs oder Gesprächs, eines Briefes, einer Tagebuchnotiz oder einer Rede.
- **Um- oder Neugestaltung:** Sie sollen den Text umschreiben oder neu schreiben, z. B. indem Sie die Vor- oder Nachgeschichte erzählen, eine andere Perspektive einnehmen, Handlungsfiguren ausgestalten, die Handlung an einen anderen Ort oder in eine andere Zeit versetzen, Geschlecht oder Alter der Figuren ändern, zusätzliche Figuren oder eine neue Szene einführen, den Text kürzen oder ausweiten oder auch ein anderes Medium wählen.

Verfassen einer Rede
Wenn Sie eine Rede verfassen, gehen Sie ähnlich vor wie beim Schreiben eines Kommentars. Versetzen Sie sich in die Rolle eines Sprechers, der sich an ein größeres Publikum wendet. Die Rede sollten Sie folgendermaßen aufbauen:

- *Introduction (presenting the problem, theme, subject)*
- *Argumentation (supporting your own view) – My first point is … / Secondly, … / Last but not least, …*
- *Conclusion (summary) – So my view is …*

Machen Sie die Redesituation kenntlich durch die Verwendung einer Begrüßungsfloskel *(„Ladies and gentlemen“)* und Verabschiedungsformel *(„Thank you very much for your attention.“).*

Verfassen eines Leserbriefs
Das Schreiben eines Leserbriefs gehört zu den beliebtesten kreativen Aufgabenstellungen. Dabei sollen Sie Ihre eigene Meinung oder – in einer Art Rollenspiel – die einer angenommenen Person zum Ausdruck bringen. Entsprechende Anweisungen lauten: *Write a letter to the editor commenting on the statement that …,* oder *Write a letter to the editor about …*
Da das Erstellen eines Leserbriefs die Einhaltung gewisser Formalitäten erfordert, finden Sie im Folgenden eine Liste der Elemente, die im Brief enthalten sein sollten, ergänzt durch hilfreiche Redewendungen.

Letter to the Editor

Date:	*15 May 201..*
Salutation:	*Sir or Madam*
Body of letter:	
Reference:	*I am writing to you following your recent article … of … on … in …* *With reference to your article … of … I would like to point out that …* *I would like to congratulate you on …* *Thank you very much for the article …, which was really an eye-opener.*
Your opinion:	*In my opinion his arguments are highly prejudiced and somewhat ignorant of the real situation in our society today.* *The article … on the problem of … seems to present an unrealistic and excessively negative picture of …* *The concern you have shown in your article … published on … in … is highly commendable. However …* *I must strongly protest against the claim that …*
Arguments:	*It would, in my opinion, be wrong to …* *I can see no reason why …* *There is no proof whatsoever that …* *It is simply not true that …* *On the one hand … on the other hand …* *It is true that … but …*
Rounding off:	*To put it all in a nutshell, I have the impression that …* *All in all …* *Therefore I conclude that …* *Therefore I would say/think …* *As a result …* *Consequently …*
Closing formula: (optional)	*Regards* *Best Regards* *Yours faithfully*
Signature:	*Full name (possible: hometown)* **Hinweis:** Bitte geben Sie hier nicht Ihren echten Wohnort und Namen an, damit die Anonymität bei der Korrektur Ihrer Arbeit gewahrt bleibt.

Liste ausgewählter Operatoren

Die folgenden Erläuterungen zu einzelnen Arbeitsanweisungen sollen Ihnen einen Einblick vermitteln, wie die Aufgabenstellung zu verstehen ist und welche Leistung von Ihnen erwartet wird. Ganz genau und endgültig kann dies jedoch nicht festgelegt werden, da es immer darauf ankommt, in welchem Kontext eine Arbeitsanweisung gestellt wird. Mit ein und demselben Operator lassen sich unterschiedlich komplexe Aufgaben formulieren. Sie müssen also die Aufgabe genau lesen.

1. **analyse:** Beschreiben und erklären Sie etwas genau, indem Sie die Grundbestandteile, nämlich Inhalt und Form, untersuchen und dann ihre Funktion klären. Sie untersuchen also, *was* ein Autor sagt (Inhalt), *wie* er es sagt (Form) und *warum* er es so sagt (Funktion). Das Verständnis des Ganzen soll durch die Zergliederung in seine Einzelteile ermöglicht werden.

   Beispiel:
   Analyse the opening paragraph of the short story.

   Wenn Sie einen Textanfang analysieren sollen, müssen Sie beschreiben, wovon die Passage handelt, wie der Autor sie gestaltet hat und warum.
   Dem Beginn eines Textes kommt immer eine besondere Bedeutung zu. Die wichtigsten Funktionen sind Hinführung zum Thema bzw. zur Geschichte und Motivation des Lesers, d. h. ihn anzuregen, weiterzulesen.
   - Anfang eines Sachtextes: Journalisten versuchen häufig die Aufmerksamkeit des Lesers zu gewinnen, indem sie ihren Text wie eine Geschichte aufbauen: *"President Bush sat in his office when the phone rang and the director of the CIA ..."* Ein Sachtext kann auch mit der Erwähnung eines aktuellen Ereignisses oder der Klärung eines zentralen Begriffes einsetzen: *"When scientists talk of biodegradable products they mean ..."*
   - Anfang eines literarischen Textes: Der Anfang eines Romans oder einer Kurzgeschichte soll ebenfalls dazu dienen, den Leser zum Weiterlesen einzuladen: *"I once saw a bloke try to kill himself"* (Alan Sillitoe, *On Saturday Afternoo*n). Durch diesen ersten Satz der Kurzgeschichte wird auch die Erzählperspektive *(point of view)* festgelegt: Ich-Erzählung *(first-person narration).* Einem Autor kann es auch darum gehen, am Beginn den Schauplatz der Handlung darzustellen, eine Person einzuführen oder eine bestimmte Atmosphäre zu schaffen. Letztere Funktion ist eng mit der sprachlichen Gestaltung verbunden. Schauen Sie sich die Wortwahl genau an (im Besonderen die Adjektive).

2. **characterise:** Beschreiben und analysieren Sie eine Person.

   Beispiel:
   Characterise the protagonist of the story.

   Wenn man eine Figur charakterisieren will, beginnt man zunächst mit der Beschreibung des Äußeren, d. h. mit Gestalt, Kleidung, Alter, Familienstand, Herkunft, sozialer Stellung etc. Untersuchen Sie dann, ob der Protagonist vom Autor oder von anderen Personen bzw. aus deren Sicht beschrieben wird (direkte Charakterisierung) oder ob seine Eigenschaften durch sein Verhalten anderen gegenüber gezeigt werden (indirekte Charakterisierung).

3. **comment:** Äußern Sie eine begründete persönliche Meinung zu einem bestimmten Thema, Problem oder Standpunkt.

   Beispiel:
   Comment on the government's assessment of the economic crisis.

   Erwartet wird Ihre persönliche Meinung, ob die Regierung die Wirtschaftskrise richtig oder falsch eingeschätzt hat. Voraussetzung für eine gute Lösung sind Sachkenntnis und die Fähigkeit, eine Meinung überzeugend zu vertreten. Es geht weniger darum, das Problem noch einmal von mehreren Seiten zu beleuchten – das wäre eine Erörterung –, sondern Sie sollen zeigen, dass Sie argumentieren können. Halten Sie in einem Einleitungssatz noch einmal kurz das Thema/Problem fest und leiten Sie dann zu Ihrer Meinung über. Folgen Sie dem dreistufigen Aufbau einer guten Argumentation:
   - Behauptung/These *(In my view the government's way of dealing with the crisis is rather weak/ineffective/convincing ...)*
   - Begründung *(because ...)*
   - Beleg/Beispiel *(As we can see from ...)*

   Schließen Sie Ihre Beweisführung mit einer Schlussfolgerung, einem Fazit, ab: *Therefore I think/would say .../As a result .../Consequently ...*
   Eine gute Note ist nicht davon abhängig, ob Sie – in diesem Beispiel – das Vorgehen der Regierung positiv oder negativ werten oder ob Sie – in einem anderen Fall – für oder gegen eine Maßnahme sind. Sie lösen die Aufgabe gut, wenn Ihre Argumentationskette inhaltlich und sprachlich überzeugt.

4. **compare:** Stellen Sie Ähnlichkeiten und Unterschiede zwischen zwei oder mehreren Dingen dar und ziehen Sie Schlüsse daraus.

   Beispiel:
   Compare the British and the German forms of government.

   Auch in dieser Aufgabe geht es um Ihre Sachkenntnis und Ihr Inhaltsverständnis. Sie müssen die typischen Merkmale der beiden Regierungssysteme herausarbeiten und dann Gemeinsamkeiten und Unterschiede aufzeigen. Anschließend sollen Sie eine Schlussfolgerung ziehen. Hier könnten Sie eine Gemeinsamkeit z. B. im Bereich der Legislative ausmachen. Beide Länder besitzen das Zwei-Kammer-System *(two-chamber-system).* In Großbritannien werden die Gesetze durch das *House of Commons* und das *House of Lords* verabschiedet, in Deutschland sind dafür Bundestag und Bundesrat zuständig. Unterschiede könnten Sie bei der Exekutive herausarbeiten, indem Sie z. B. die Stellung des britischen Premierministers *(British Prime Minister)* mit der des deutschen Bundeskanzlers *(German Chancellor)* vergleichen. Eine Schlussfolgerung könnte sein: Die Position des *Prime Minister* ist stärker als die des deutschen Kanzlers. Er kann relativ unabhängig vom Parlament agieren, d. h., er verfügt immer über eine klare Mehrheit.

5. **contrast:** Stellen Sie Informationen, Sachverhalte, Argumente, Urteile etc. einander beschreibend gegenüber.

   Beispiel:
   Contrast the attitudes of different EU member states towards the Euro.

   Hier handelt es sich um eine Aufgabenstellung, die eine ähnliche Vorgehensweise wie beim Operator *compare* verlangt, jedoch sollen Sie sich auf die Unterschiede konzentrieren. Dazu müssen Sie in unserem Beispiel wissen bzw. dem Text entnehmen, welche Auffassungen die einzelnen EU-Länder in Bezug auf die Euro-Währung haben. Aufzeigen sollen Sie dann auffällige Unterschiede in den Vorstellungen der einzelnen Regierungen. Die Aufgabenstellung wird sich in der Regel nur auf Themenbereiche beziehen, bei denen Sie klare Unterschiede herausarbeiten können.

6. **criticise:** Drücken Sie Ihre Missbilligung eines Verhaltens, einer Einstellung einer Person gegenüber aus oder beurteilen Sie die Vor- oder Nachteile eines Verhaltens, einer Entscheidung usw.

   Beispiel:
   Criticise the government's decision to do away with military service.

   Mit dieser Anweisung werden Sie aufgefordert, zu einem Sachverhalt Stellung zu nehmen. Anders als bei einer Erörterung (siehe Arbeitsanweisung *discuss*) sind Sie nicht der neutrale Betrachter, der abwägt, sondern der Kritiker, der seine Meinung zum Ausdruck bringt. Hier gehen Sie allerdings wieder wie bei der Erörterung vor: Sie stellen Ihre persönliche These auf, die Sie durch eine sinnvolle Begründung und ein anschauliches Beispiel belegen. Es ist oft ratsam, auf gegnerische Argumente einzugehen, d. h. an sie anzuknüpfen, um dann eine abweichende Auffassung vorzubringen und die des Gegners als irrig darzustellen.
   Begründete Kritik ist immer berechtigt, sie hat nichts mit Besserwisserei zu tun, denn frei nach G. E. Lessing gilt: „Wer etwas kritisiert, muss es nicht unbedingt besser können."

7. **describe:** Diese Aufgabe wird häufig auftauchen, wenn es sich bei Material B um ein Bild, eine Karikatur oder eine Grafik handelt.

   Beispiel:
   Describe the development shown in the graph.

   Achten Sie auf eine möglichst genaue Beschreibung, die auch einer gewissen Struktur folgt. Bei Grafiken und Bildern, die sehr viele Elemente enthalten, sollten Sie sich auf die Aspekte beschränken, die für deren Aussage von besonderer Bedeutung sind.

8. **discuss:** Beleuchten Sie ein Problem von allen Seiten, indem Sie die Argumente ausführen – belegt durch Details, Beispiele, weitere Informationen – und sinnvoll ordnen.

   Beispiel:
   Discuss attempts to legalise certain soft drugs.

   Diese Aufgabenstellung ist vergleichbar mit einer Erörterung. Sie sollen ein Problem, hier die Freigabe von sogenannten weichen Drogen, zunächst identifizieren und dann erörtern, d. h. Argumente pro und kontra erfassen und die zugehörigen Begründungen darstellen. Beachten Sie, dass sich hier fast immer zwei verschiedene Arten von Problemen ableiten lassen: Sachprobleme *(What are soft drugs? – What are the advantages of genetic tests?)* und Wertprobleme *(Is it right to legalise soft drugs? – Should insurance companies be allowed to make use of genetic test information?)*. Bei der Erörterung eines Sachproblems sollten Sie auf relativ gesicherte und nachweisbare Tatsachen zurückgreifen (Statistiken, allgemeine Lebenserfahrung): *There is statistic evidence that the legalisation of drugs …* Vermeiden Sie es allerdings, sich Prozentzahlen auszudenken, wenn Sie sich auf Statistiken beziehen. Werturteile sind schwieriger zu begründen, da man hier unterschiedliche Einstellungen vertreten kann. Es liegt in der Natur der Sache, dass persönliche Meinungen umstritten sind: *I am of the opinion that the government ought to be stricter …* Wichtig ist, dass Ihre Argumentation logisch ist und einleuchtet.

9. **evaluate** (auch: **assess**): Geben Sie ein Werturteil ab, stellen Sie eine negative oder positive Behauptung nach sorgfältiger Abwägung auf. Dabei sollen Sie Ihre Antwort durch Belege, beispielsweise Fakten und Zahlen, absichern.

   Beispiel:
   Evaluate the success of the steps taken to reduce the amount of household rubbish.

   Hier handelt es sich um die Bearbeitung eines Wertproblems: *In my view the government has not done enough to force people …* Erwartet wird, dass Ihr Urteil begründet ist. Besonders geeignete – weil kaum widerlegbare – Argumente für eine These sind u. a. nachprüfbare Tatsachen, Statistiken und verallgemeinerte Erfahrungen: *There is statistic evidence that the amount of rubbish produced by households between 2000 and 2010 has not …* Es ist unausweichlich, dass Ihre Einschätzung nicht von jedermann geteilt wird. Werturteile, persönliche Meinungen und Gefühle sind immer umstritten, da man bei (fast) allen Problemen verschiedener Auffassung sein kann. Wenn Sie z. B. die Meinung äußern *I think people should pay for their rubbish by weight,* müssen Sie darauf vorbereitet sein, dass Sie mit dieser Aussage auf Widerspruch stoßen werden. Deshalb ist es wichtig, dass Sie sich treffende Begründungen für Ihre Argumentation zurechtlegen, damit man Ihre Einschätzung, wenn schon nicht übernehmen, so doch zumindest nachvollziehen kann.

10. **explain:** Erläutern Sie etwas, machen Sie etwas verständlich. Mit dieser Aufgabe kann das Verständnis einer Textstelle, des gesamten Textes bzw. einer Situation überprüft werden. Sie geht über eine reine inhaltliche Zusammenfassung hinaus.

    Beispiel:
    Explain why the relationship between the USA and Great Britain has always been a significant one. Find evidence in history, culture or politics.

    Mit dieser anspruchsvollen Aufgabenstellung werden Ihre Kenntnisse im Bereich der Landeskunde USA und Großbritannien überprüft. Damit Sie hier erfolgreich abschneiden, müssen Sie sich vor der Prüfung die wichtigsten Fakten angeeignet haben. Mit diesem Material, das Sie zur Verfügung haben müssen, schreiben Sie dann eine Art Aufsatz. Sie können ihn folgendermaßen aufbauen:
    A. Introduction: ein kurzer Satz, um zum Thema hinzuführen
    B. Main Part: Darlegung der Fakten; z. B. im politischen Bereich: Verhältnis zur Kolonialzeit (Unabhängigkeitskrieg), im und nach dem Ersten bzw. Zweiten Weltkrieg; heute: Kampf gegen den Terrorismus; im kulturellen Bereich: Einflüsse auf dem Gebiet der Literatur, der Popkultur, des Films
    C. Conclusion: Anknüpfung an die Einleitung oder Ausblick
    Ein sehr umfangreiches Thema, wie Sie sehen. Daher sollten Sie sich vorher einen Plan machen, in dem Sie Ihre wichtigsten Gesichtspunkte aufführen.

11. **interpret:** Untersuchen Sie etwas ausführlich, um die Aussage, die der Verfasser treffen möchte, deutlich zu machen. Dabei kommt es darauf an, dass Sie Ihre Sachkenntnis und Ihr Wirklichkeitsverständnis mit dem vorgelegten Material in Beziehung setzen.

    Beispiel:
    Interpret the poem …/short story …

    Diese Aufgabenstellung ist recht global, weil Sie keine weiteren Hilfsfragen gestellt bekommen. Daher müssen Sie wissen, was bei einer literarischen Interpretation zu tun ist, nämlich den inhaltlichen Aufbau, die sprachlichen Gestaltungsmittel und den Zusammenhang zwischen beidem herauszuarbeiten. So gehen Sie dabei vor: Nach sorgfältigem, mehrmaligem Lesen halten Sie fest, wovon das Gedicht/die Kurzgeschichte handelt. Versuchen Sie die Absicht des Verfassers als Arbeitshypothese zu formulieren. Danach klären Sie den Aufbau des literarischen Textes und untersuchen die sprachlichen Mittel, die verwendet werden. Beschreiben Sie die Wirkung von Gestaltungselementen. Überprüfen Sie Ihre Arbeitshypothese auf ihre Richtigkeit – vielleicht müssen Sie Ihren ersten Eindruck revidieren. Sie sollten daran denken, dass es hier keine richtige oder falsche Lösung gibt. Ihre Arbeit wird danach beurteilt, ob Ihre Auslegung stimmig ist. Das bedeutet, Ihre Interpretation muss nachvollziehbar und einleuchtend sein. Das erreichen Sie, indem Sie immer wieder überprüfen, ob Ihre Deutungen durch den Text gesichert sind.

12. **justify:** Sagen Sie, warum eine Meinung, ein Standpunkt oder eine Maßnahme richtig oder angemessen ist. Eine Rechtfertigung ist in der Regel positiv. Heben Sie die Vorteile eines Standpunkts gegenüber seinen Nachteilen hervor.

    Beispiel:
    Justify the steps taken against drug addicts.

    Bei dieser Arbeitsanweisung sind Sie nicht mehr frei, Ihre persönliche Meinung zu äußern und zu begründen, sondern sollen eine Rolle übernehmen, in diesem Beispiel die des Verteidigers von Maßnahmen gegen Drogensüchtige. Diese Aufgabe ist eine Art rhetorische Übung, bei welcher der Schwerpunkt auf der Technik des Argumentierens liegt. Dabei soll Ihre eigene Meinung ganz bewusst zur Seite geschoben werden. Es kommt bei solchen Rhetorikübungen darauf an, die Zuhörer zu überzeugen. Wenn Sie eine Aufgabe mit dem Operator *justify* bearbeiten, können Sie wie bei einer linearen Erörterung vorgehen. Sie suchen Argumente, führen Sie mit einem Beleg und einem Beispiel aus und ordnen Sie dann in steigernder Form an, d. h., Sie gehen vom weniger wichtigen zum wichtigsten Argument für oder gegen eine Maßnahme oder einen Vorschlag.

13. **outline:** Sie sollen eine Inhaltsangabe verfassen. Dabei gehen Sie vor wie bei *summarise.*

    Beispiel:
    Outline the pros and cons of genetic engineering as described in the German newspaper article.

    Häufig werden Sie nicht den gesamten Text zusammenfassen müssen. Stattdessen wird erwartet, dass Sie bestimmte Aspekte *(„the pros and cons of genetic engineering")* aus dem Text herausarbeiten, die Sie dann in einem englischen Text zusammenfassen.

14. **summarise/sum up:** Fassen Sie die Hauptgedanken eines Textes in knapper Form ohne Veranschaulichungen und Beispiele zusammen.

    Beispiel:
    Summarise the author's arguments against abortion.

    Die Aufgabe verlangt, dass Sie einen Text oder eine Argumentation knapp und sinnvoll zusammenfassen. Hier wird zweierlei überprüft: Ihr Textverständnis und Ihre Sprachfertigkeit. Zunächst müssen Sie die wichtigsten Aussagen aus der Vorlage herausfiltern und sie danach mit eigenen Worten knapp wiedergeben. Wichtigste Voraussetzung für eine gute Lösung dieser Aufgabe ist, dass Sie das Original gut verstanden haben. Lesen Sie deshalb den Text mehrmals sehr sorgfältig und kennzeichnen Sie die Stellen, die Ihnen wichtig erscheinen. Gehen Sie den Text Abschnitt für Abschnitt durch und verfolgen Sie den Gedankengang. Unterscheiden Sie dabei zwischen Haupt- und Nebengedanken. Identifizieren Sie dann Wiederholungen, Belege und Beispiele, die der Autor für seine Argumentation verwendet. Das sind die Teile der Vorlage, auf die Sie in Ihrer Zusammenfassung verzichten werden. Im Allgemeinen wird erwartet, dass Sie die Vorlage auf ein Drittel bis ein Fünftel ihres ursprünglichen Umfangs kürzen. Das hängt ganz von der Dichte des Originaltextes, d. h. von seiner Informationsfülle, ab. Es ist eine bewährte Methode, nach dem sorgfältigen Durcharbeiten des Textes jeden einzelnen Abschnitt knapp – vielleicht mit einem Satz – zusammenzufassen. Achten Sie bei Ihrer Lösung darauf, dass Sie keine neuen Gedanken oder neuen Beispiele einführen und dass Sie keine eigenen Wertungen abgeben. Was die Formulierung betrifft: Zeigen Sie, dass Sie über einen guten Wortschatz verfügen. Lösen Sie sich sprachlich von der Vorlage, indem Sie, sofern es sich nicht um Fachbegriffe handelt, den ursprünglichen Text durch Synonyme und Umschreibungen wiedergeben. Verfassen Sie Ihre Zusammenfassung im Präsens. Auch dieser Operator wird Ihnen häufiger in einer Mediationsaufgabe begegnen.

Zum Gebrauch des Buches

Dieses Buch soll Ihnen die Möglichkeit geben, sich optimal auf die schriftliche Prüfung vorzubereiten. Die **Original-Prüfungsaufgabe 2014** zum Schwerpunktthema „One Language – Many Voices“ zeigt Ihnen, wie das Leseverstehen in der Prüfung umgesetzt wurde. Anhand der **abiturähnlichen Übungsaufgaben** können Sie alle Aufgabenformate mit Bezug zum neuen Schwerpunktthema „**Challenges and Choices in an Insecure World**“ einüben. Nutzen Sie Aufgaben zusätzlich gezielt, um zu sehen, wie Sie mit den Zeitvorgaben zurechtkommen.
Alle Aufgaben sind mit **Musterlösungen** versehen. Oft ist es hilfreich, diese nach der eigenen Bearbeitung durchzulesen. Hierbei können Sie nicht nur abgleichen, ob Sie die inhaltlichen Punkte der Fragestellung abgedeckt haben, Sie können auch sehen, wie man die Lösung sinnvoll gliedern kann und wie sich Aspekte sprachlich gelungen ausdrücken lassen. Zusätzlich dienen Ihnen die der Lösung vorangestellten **Hinweise und Tipps** als Hilfe für die Bearbeitung. Nutzen Sie diese, falls Sie einmal nicht vorankommen oder um Ihre Lösung zu überprüfen.

Schriftliche Abiturprüfung Englisch (Baden-Württemberg)
Abiturähnliche Übungsaufgabe 1: *Race Relations*

Material A

Race relations in America: Chasing the dream

Fifty years after Martin Luther King's speech, fixing America's racial ills requires a new approach

His name adorns schools, streets, bridges and colossal biographies. Almost as soon as they can talk, American children are taught to revere Martin Luther King. His message was a simple clarification of America's founding promise, that "all men are created equal" and have a right to "life, liberty and the pursuit of happiness". That means everyone, he explained. He put it best on August 28th 1963, ad-libbing before a crowd in Washington, DC: "I have a dream that my four little children will one day live in a nation where they will not be judged by the colour of their skin but by the content of their character."

In the 50 years since then, America has changed beyond recognition. Under Jim Crow, blacks in the South risked lynching if they tried to register to vote. They were forced to use separate and inferior water fountains and schools. They were locked in lowly occupations: in 1940, 60 % of black women with jobs were domestic servants. Now, African-Americans are more likely to vote than any other racial group, at least if Barack Obama is on the ballot. White bias against non-white candidates is hard to detect. […]

Yet in recent years economic progress has stalled. Between 2000 and 2011, black median household income fell from 64 % to 58 % of the white figure. The wealth gap is even more alarming. Because mortgaged homes make up more of poorer people's wealth, the gap widened dramatically after the housing bubble burst. In 2005 white families' median net worth was 11 times that of blacks; in 2009 it was 20 times. On other measures, too, blacks fare poorly. Many struggle in school: the average black 17-year-old reads and manipulates numbers about as well as a white 13-year-old. Many fall foul of the law: by the age of 30–34 one black man in ten is behind bars; the figure for white men is one in 61. And the traditional black family has collapsed since King's day. In the 1960s many thought it a crisis that nearly 25 % of black children were born out of wedlock. Today it is 72 % (for whites, 29 %), and most of these children are being raised by mothers who are truly alone, not cohabiting.

Explanations of these figures tend to fall into two camps. Some stress the lingering effects of racism. Black schools are underfunded; employers overlook black job applicants; the criminal-justice system is biased against blacks. If this diagnosis is correct, the best prescription may be more funding for inner-city schools, sterner enforcement of anti-discrimination laws and better training for cops and judges.

It seems unlikely, however, that racism has grown worse in the past decade. To express a racist opinion in America today is a career-ending mistake. Firms caught discriminating are punished both by the courts and by consumers. Those failing black schools are not a racist conspiracy: many answer to black mayors, just as federal prosecutors answer to a black attorney-general. Polls suggest that racism is dwindling: the young are far less bigoted than the old. And the obstacles that racism creates are not insuperable. The median earnings for black and white women with college degrees, for example, are about the same.

Conservatives, black and white, tend to argue that although racism still exists, it is largely up to blacks to solve their own problems. Americans who finish high school, work full-time and wait until they are 21 and married before they have children have only a 2 % chance of being poor. Depressingly few blacks meet all three fairly basic conditions.

Yet although individuals are ultimately responsible for their own fate, the legacy of discrimination is hard to shake off. Poverty begets poverty, even more now than in the past: as technology advances, those who struggle at school are falling further behind in the workplace. And the economic crisis hit single-parent families hard, since they lack the safety net that a second adult provides.

There are ways in which the government can help blacks, not by tackling racism head-on, but by addressing flaws in the American system that hurt blacks more than whites. The scandal of the justice system is not that it is biased, but that it is brutal. Locking up non-violent drug offenders for decades tears families apart. Far better to give minor criminals of all races drug treatment, ankle tags and help finding jobs.

Likewise, experience shows that inner-city schools cannot be fixed by throwing money at them. Many are run for the benefit of unsackable teachers, rather than pupils. And as Mr Obama has observed, many black students sneer that a classmate who reads is “acting white” – and shun him. This self-destructive cultural norm is almost non-existent in private schools, which is one reason why black parents are so keen on vouchers and charter schools. When reformers call school choice “the new civil-rights struggle”, they have a point.

There is not a great deal that politicians can do about the collapse of the black family, but school and prison reforms should help: black women, unsurprisingly, prefer partners who are neither ill-educated nor incarcerated. Role models help, too: Mr Obama inspires young black men partly because he has a wife and daughters he patently treasures and respects.

America’s shameful past is fading. Skin colour is nothing like the barrier it once was. But the “pursuit of happiness” to which King referred is never easy, and never ends.

(930 words)

From: Economist, August 24, 2013

Annotations

line 2:	to revere: feel deep respect for
line 5:	to ad-lib: speak or perform without previously preparing one’s words
lines 9/10:	Jim Crow: the former practice of segregating black people in the US
line 16:	to stall: stop or cause to stop making progress
line 19:	housing bubble: sharp decline in house prices (“bubble burst”) resulting in a credit crisis (in the US in 2008)

line 27: to cohabit: live together like a married couple without being married

line 31: stern: strict

line 61: charter school: independent school (of the traditional public school system) established by teachers, parents, or community groups

Material B

Rassismus wird verleugnet

Hamado Dipama von Ausländerbeirat der Stadt München in einem Interview

Rassismus ist nicht am Rand der Gesellschaft, Rassismus wird in der Mitte der Gesellschaft breit ausgeübt. Diesen Alltagsrassismus erlebe ich als Afrikaner täglich in vielerlei Richtungen, ob es das Arbeitsleben angeht oder ob es auf der Straße passiert. Man begegnet dem ständig, und dennoch wird Rassismus nicht wahrgenommen. Rassismus wird verleugnet, Rassismus ist ein Tabu. Man tut sich schon schwer, das Wort auszusprechen. In vielen Fällen handelt es sich um Rassismus, aber die Rede ist entweder von Diskriminierung oder Rechtsextremismus. Es ist einfacher, über Rechtsextremismus zu sprechen, weil Rechtsextremismus am Rand der Gesellschaft ist und nicht in der Mitte. Es betrifft nicht viele Leute, das sind sozusagen „ein paar Verrückte“, die das so sehen, „aber wir die Mehrheit, nein, wir haben nichts damit zu tun“. Es ist auch einfacher über Diskriminierung zu sprechen, weil Diskriminierung jeden Menschen treffen kann. Es gibt Diskriminierung unter Deutschen, etwa gegen Frauen, und das Gleiche gibt es auch in anderen Gesellschaften. Das heißt, es gibt keine klaren Täter und Opfer, da hat man nicht dieses Schuldgefühl. *(184 Wörter)*

Hamodo Dipama im Interview mit Andrea Grunau. Quelle: Deutsche Welle, 3. 6. 2013; http://www.dw.de/rassismus-wird-verleugnet/a-16850677

Comfortably colour-blind

On just about every reliable measure, Britain is exceedingly tolerant on race, and becoming ever more so. In a large survey in 1986, 28 % of respondents reckoned that most white people would mind “a lot” if a qualified black person was made their boss. Two decades later the proportion had fallen to 9 %. Government surveys find that 87 % of whites, and 91 % of ethnic minorities, say people from different backgrounds get on well together in their neighbourhood – up substantially from ten years ago.

Lest this be thought mere political correctness, behaviour has changed just as much. With the odd and not too worrying exception of the Chinese, every ethnic group is becoming less segregated. Between 2001 and 2011 the number of Britons with mixed white and black-Caribbean parentage jumped from 237,000 to 427,000. There was a similar increase in the number of mixed white and Asian people. *(153 words)*

Economist, Nov 7, 2013

Teil I: Comprehension

Content 10 VP

1. Read Material A and give keyword-style answers (one or two words). Back up your findings with a suitable quote from the text. Write down the line(s) plus the first three words and the last three words of the quote(s) to support the solution you have chosen.
   There is one example given.

   a) Rate Martin Luther King's image in American society today. **0**

   highly respected: "Almost as soon ... Martin Luther King" (lines 1/2)

   b) Characterise the overall situation of black Americans 50 years ago. **1**

   c) Name the (four) problem areas which affect many blacks today. **2**

d) Identify the explanations given for the lack of progress of African Americans. 1

e) List the basic requirements for avoiding poverty. 1

f) What can be done by the government to improve the situation for blacks? 1

2. Read Material A and establish the logical order of the arguments listed below. Quote from the text to support your answer. Write down the line(s) plus the first three words and the last three words of the quote(s) to support the solution you have chosen. The first and the last ones have been done for you. **4**

   a) There are more black Americans than white Americans in prison.

   b) Martin Luther King advocated racial equality.

   c) The housing crisis made the financial disparity between blacks and whites more evident.

   d) Many Blacks are caught in a vicious circle.

   e) Special rules denied blacks equal opportunities in employment and the right to vote.

   f) Racism is on the decline.

Order	Quote and line
a	"His message was ... are created equal'" (lines 2-4)
d	"the legacy of ... Poverty begets poverty" (lines 46/47)

Teil II: Analysis

Content 10 VP / Language 15 VP

1. Summarise the texts presented in Material B and compare the situations in the three countries Germany, Great Britain and the USA (cf. Material A) as to racial relations.

Teil II: Composition

Content 10 VP / Language 15 VP

Choose *one* of the following.

2.1 Opinions among critics of the film *Crash* are divided about how the makers have dealt with the problem of racism and the director has been criticised:

"Paul Haggis's self-congratulatory directorial debut is a deeply shallow look at race and racism in Los Angeles and, supposedly, America as a whole."

Rifkin, Mark. This Week in New York, twi-ny.com: February 2006.

"… this reduction of racism to the scale of individual characters occludes *(verdeckt)* crucial and harmful institutional, legal, and historical aspects of racism."

Hsu, Hsuan L.: Racial privacy, the L.A. ensemble film, and Paul Haggis's Crash.
In: Film Criticism, Sept 22, 2006.

Comment on this criticism.

or

2.2 "Information at your fingertips" was the vision expressed by computer pioneer Bill Gates in the 1990s. Today this is also true for secret service agencies or internet providers as classified documents revealed by whistle-blowers prove.

Edward Snowden, a former NSA employee, revealed that the American secret service spies on US citizens, foreigners, governments and large companies. Write a letter to Snowden in which you assess the problem.

Lösungsvorschlag

Teil I: Comprehension

1. *You are supposed to give "keyword-style answers" here. In some cases this is easier than writing a whole sentence, but it can also be difficult because you have to be very precise. Mark the section that contains the necessary information in the text first and then write down what it is about in a few words.*
   Keep in mind that you will only get the points if you write down your solution AND quote a text passage that supports your solution.

   b) **endangered / discriminated / poor / underprivileged**: "Under Jim Crow … were domestic servants." (lines 9–12)

   c) **income / wealth / money**: "Between 2000 and … it was 20 times." (lines 16–20)
   education: "Many struggle in … a white 13-year-old." (lines 21/22)
   crime: "Many fall foul … is behind bars." (line 23)
   family: "And the traditional … alone, not cohabiting" (lines 24–27)

   d) **racism**: "Some stress the … effects of racism." (lines 28/29)
   individual shortcomings of blacks themselves: "Conservatives, black and … their own problems." (lines 41/42)

   e) **finish school / work full-time / marry later**: "Americans who finish … of being poor." (lines 42–44)

   f) **fairer justice system**: "There are ways … it is brutal." (lines 51–53) or "There is not … reforms should help" (lines 63/64)
   better school system / better teaching staff: "Likewise, experience shows … rather than pupils." (lines 56–58) or "There is not … reforms should help" (lines 63/64)

2. *Read the text and the statements. Then read the text a second time. Look for synonyms, antonyms, words from the same word family, and opposite expressions:*
   - *in b) "behind bars" (line 23) = "in prison"*
   - *in c) "gap" (line 19) = "disparity"*
   - *in e) it is more difficult: you have to know that "Jim Crow" refers to former laws in America. Since the* "Schwerpunktthema" *concentrates on the USA, it is useful if you have background knowledge of American history, society and politics.*
   - *in f) "dwindling" (line 37) = "on the decline"*

Order	Quote and line
b	"His message was ... are created equal'" (lines 2–4)
e	"Under Jim Crow, ... register to vote." (lines 9/10)
c	"Because mortgaged homes ... housing bubble burst." (lines 18/19)
a	"Many fall foul ... one in 61." (lines 23/24)
f	"Polls suggest that ... than the old." (lines 37/38)
d	"the legacy of ... Poverty begets poverty" (lines 46/47)

Teil II: Analysis

1. *Key points:*
   Summary:
   - *Germany:*
     - *African experiences racism in the workplace or in everyday situations*
     - *Germans avoid using the term "racism" and talk about "discrimination" or "right-wing extremism" instead*
   - *Britain:*
     - *Race relations in Britain have improved*
     - *Increasing number of intermarriages proves acceptance of ethnic minorities*
   - *USA:*
     - *Similar situation as in Britain*
     - *Racial discrimination severely sanctioned*
     - *Younger generation less racially prejudiced*

   Comparison of the situations in Germany, Britain and the USA:
   - *In Germany: xenophobia and racial prejudice against minority groups*
   - *In the USA and GB: minorities have long been integrated into society*
   - *Germans less accustomed to blacks or Asians*
   - *Negative historical legacy in Germany, therefore "race" is treated as a taboo*

   Conclusion: Hope that Germans will become as colour-blind as Americans and the British

The first text presented in Material B, "Rassismus wird verleugnet", was broadcast by Germany's international broadcasting station *Deutsche Welle* in 2013. It is an excerpt from an interview with a representative of the Council of Foreigners in the city of Munich. He is African and says that he experiences racism in the workplace or in everyday situations. However, in his view, German citizens avoid using the term "racism" and prefer to talk of discrimination or "right-wing extremism" instead. The second text ("Comfortably colour-blind") is taken from the British magazine *The Economist* (2013) and reports that race relations in Britain have improved considerably in recent years. Blacks are not only accepted as profession-

als in leading positions, but also in society generally. The overall improvement is shown by the increasing number of intermarriages between whites and people of different ethnic backgrounds.
Relating the findings of the two texts in Material B to the main text, one can say that there are parallels in American and British society. On both sides of the Atlantic race relations are less troubled than they were in the past. In America, racist behaviour is not accepted. Racial discrimination is severely sanctioned by law and, when it comes to firms, also evokes a negative image which, in the end, will have a detrimental effect on sales. As far as social contacts are concerned, young Americans are less racially prejudiced than older generations.
In contrast, the situation in Germany is less favourable for ethnic minorities, according to the African interviewed. Xenophobia and racial prejudice seem to be widespread. One reason for the different attitude among Germans could be that in America and Britain blacks and Asians form large ethnic groups in society, whereas in Germany they represent small minorities. In the US and Britain non-white faces are a common sight because of their long immigrant tradition. In Germany, people are less accustomed to relations with blacks or Asians, and often treat them with reservation or even aversion. Germany's negative historical legacy as to race and race relations may also be responsible for the fact that anything connected with "race" is treated as a taboo. Time will tell how the Germans will cope with the issue when the immigration of refugees and asylum seekers contributes to an ethnic mix of a, hopefully, more tolerant country – along the lines of the colour-blind USA and Britain. *(394 words)*

Teil II: Composition

2.1 *Key points:*
"Traditional" view of message conveyed by Crash:
- *Argument: film is a bitter criticism of racism in USA*
- *Examples: racial clashes involving John Ryan, Farhad, Jean Cabot, Tom Hansen*
- *Racial bias leads to disaster*

More critical view of Crash *(as expressed in quotations presented):*
- *Argument: film treats issue of racism superficially*
- *Racism is not result of personal frustrations*
- *Racism is rooted in constant discrimination of minorities and structural injustices*

Weighing diverging views:
- *Realistic racial clashes get the filmmakers' message across*

The film *Crash* shows clashes between people from different ethnic groups. Many critics see these encounters as the filmmakers' bitter criticism of racist behaviour in American society.

The abusive outbursts of Caucasian cop John Ryan, who harasses and humiliates Afro-American Christine Thayer, the insults and attacks of Iranian immigrant Farhad against Hispanic locksmith Daniel Raiz or Jean Cabot's intolerance and ingratitude towards her housemaid can be regarded as evidence that racism is a widespread phenomenon in American society. It is discomforting for the audience to witness how the characters, all of whom have positive character traits, fall into the trap of racism. Seen from this point it seems obvious that Haggis and his scriptwriter intended to make us aware of racism and the disastrous consequences prejudice can have.
However, critical voices were raised against the way the filmmakers treated the issue. In their opinion Haggis and his co-author reduce aggressive racist behaviour to personal shortcomings and failures. John Ryan molests Christine Thayer and insults Shaniqua Johnson because he is frustrated about the refusal of the insurance company to help his father, who is ill. The shopkeeper Farhad attacks Daniel because he is furious and desperate after the destruction of his shop. Jean Cabot is frustrated with her boring life and takes her disappointment out on her home help Maria. For some critics, this way of addressing the race problem is too shallow, because in their view the real roots of racism are being ignored. They argue that racism has a political aspect.
Racial minorities are confronted with disadvantages in everyday life. As the main text shows, the structural injustices in the educational and legal system have their roots in racism, but they are not touched upon in the film.
The critics have a point. In the majority of cases, whites are still better off than blacks, but given the same opportunities blacks are just as successful as whites. However, I do not believe that film is the proper medium for a political manifesto. In my view, the scenes of racial clashes presented in *Crash* are very realistic and thus hammer home the message to the audience that something is wrong in the way we treat other people. If everyone were more considerate, respectful and sympathetic towards others, an important first step would be taken towards improving race relations. *(388 words)*

2.2 *Salutation: Dear Mr Snowden*
Main part: body of the letter
- *Purpose of the letter: congratulations*
- *Arguments:*
    - *Revelations started a helpful public debate*
    - *Revived criticism of overreaction after 9/11 (restriction of human rights, increased surveillance)*
    - *Raised awareness to check methods of secret agencies*
    - *Showed courage and sacrificed job and personal safety*
    - *Unselfish, no economic financial gain in mind*

Conclusion: Snowden deserves nomination for Nobel Peace Prize
Closing: Best regards

Dear Mr Snowden,

I'm writing to you because I want to congratulate you on your bravery in making public secret documents which reveal the intricate methods applied by the National Security Agency to monitor people's whereabouts, their conversations and email correspondence. What you have done has been extremely helpful in starting a public debate about the dangers of unchecked government surveillance breaking into people's privacy.
In response to the shock of the destruction of the World Trade Center in New York City on September 11, 2001, the US government started an anti-terror campaign. The rights of the agencies to monitor people and collect personal data were extended so much that human rights activists argued that the government had gone too far and that people's basic rights were at risk. However, the debate soon calmed down, and the general public forgot about the hidden threat. You, Mr Snowden, rekindled our awareness and reminded us to take a closer look at the methods of secret government agencies. The papers you leaked revealed that the classified US government surveillance programmes even targeted heads of foreign governments. It is scandalous that the phones of politicians such as Federal Chancellor Angela Merkel or former German Chancellor Gerhard Schröder have been tapped and their conversations recorded.
You, Mr Snowden, were courageous enough to break the rules of confidence and secrecy to which you had agreed when you signed the contract with your employer, the NSA. By disclosing government secrets you risked leading a life in hiding and you now have to live with the accusations of your former employers, who call you a traitor. You did not want to make a profit by selling your secret information to the media, but gave it into the hands of journalists to be used at their own discretion. In this respect you have done us all an important service.
Therefore, I think you quite rightly deserve to be nominated for the Nobel Peace Prize, as your revelations have spurred a discussion in many parts of the world about national security on the one hand and individual liberty on the other.

Best regards,
Jacob Smith *(354 words)*

Schriftliche Abiturprüfung Englisch (Baden-Württemberg)
Abiturähnliche Übungsaufgabe 2: *American Dream I*

Material A

The American Dream rewards few, enslaves millions

My ideology tells me to tear it all down. Yet, like everyone else, I'm sucked into a system that offers a mirage of self-improvement

I've been working odd jobs and starting businesses all my life. It's a hustler spirit fitting with my immigrant roots, a key part of my identity. Quintessentially American, even. Self-reliance is something I'm proud of – I've always loved Westerns. For an avowed socialist, it's all a bit problematic.

At dawn, I wake up, put on something sharp and work as the publisher of *Jacobin magazine* – prominent by the slim standards of the American left – and as a freelancer at more mainstream outlets. I tried my hand at regular wage-labor once. It wasn't for me. In high school, I stocked shelves at a Key Foods Grocery Store in my hometown for all of nine weeks. My family was middle-class, but there was never enough money, even with two parents working 60-hour weeks. My mother eventually got a job at telemarketing firm. My father, a medical professional overseas, struggled to both support his family and get recertified. His diplomas meant little here. Fresh from Trinidad and Tobago, it was the price they had to pay to keep me and my four siblings in a district with a good public school.

In America, we actually do have something of a social democracy. But it's localized and exclusionary, reliant on high property taxes. I was the youngest in my family, and by the time I was growing up, we were renting a small house in one of those cushy suburbs. I had access to public goods, a safe environment to grow up in, food, housing, books, recreation, and all the other necessities to flourish as an individual. But my parents were hardly around. Childcare fell to the public library, where I lingered after school until they got off their shifts. My classmates were there for the first hour or so; after that, the stacks became my friends. I picked up Richard Wright, then Karl Marx and Leon Trotsky, and transformed into something of a leftist – connecting lived experience in an unequal society with broader structures of exploitation. I wasn't the organic intellectual of Marxist fantasies, a proletarian politicized in the factory, but few are. Time not getting bossed around at work, time to read and think, has a knack of actually fostering radicalism. But my family's proud position in the lower middle class was precarious, so embracing more outward displays of rebellion wasn't an option. I had to tuck in my shirt and go to work, building savings so I could afford college, with an eye to cementing my parents' rocky ascent up the American class ladder. Key Foods was miserable. I had to stock freezers for hours and bring my own gloves. Whenever I forgot them, my hands were numb until I woke up the next morning. My co-workers, some of whom commuted 40 miles to work for $7 an hour, had to suffer worse indignities without redress. Immigrant workers were barked at by younger, white bosses. Female employees faced sexual harassment, from both management and, occasionally, customers. All of us were docked pay for the most minor transgressions. I was arrogant and privileged enough to have other options, so I quit and started a shady business import/exporting out-of-market software. It wasn't especially lucrative, but I learned life skills: how to manage money, how to be as independent as possible.

A few years later, I was in college – still hustling away, doing whatever: from selling marijuana to small-scale bootlegging. The money would come in handy when I accumulated a ton of medical debt after I got sick in my second year. The skills would come in handy when I married my business talents to my intellectual proclivities and started my own print journal (long after those things were supposed to be dead).

To many liberals, I know, I'm a vindication of the system. It's how American illusions about work function. The focus is on individual triumph and luck; not collective action and social responsibility. The libraries that gave me books, the schools that gave me education, the activists who fought racism on my behalf, all fade to the background, even in my own narratives of youth. So, something like the hardship of sickness in a country without socialized healthcare is whitewashed into a formative tale about overcoming obstacles.

My parents, who will likely have to keep working well into old age, did get their vindication when I accumulated enough cultural capital through my more poorly-paid, but honorable pursuits to get a few glowing profiles in the mainstream media. And that's part of the disease that keeps American capitalism going. It's not that everyone can be successful; it's that anyone can be successful. A few token children of the meritocracy keep the rest glued to their machines. Not all in chains, some by choice. *(823 words)*

Material B

Karsten Schley / cartoonstock.com

"I BEGUN LIKE YOU, WITH NOTHING BUT MY BARE HANDS. LOOK AT ME NOW! ONLY 25 YEARS LATER, I'M BEGGING WITH MY OWN HAT! GEEZ, I LOVE THIS COUNTRY! EVERYBODY CAN MAKE IT HERE!"

Teil I: Comprehension — Content 10 VP

1. Which of the following statements are true and which are false? Tick the correct box. Support your answer by quoting from the text. Use the following form: line number(s) + first three words + last three word. See example (a). **5**

	true	false
a) The author has always tried to avoid work.	☐	☑

line(s) 1 : "I've been working ... all my life."

____

	true	false
b) Self-reliance is an important feature of socialist ideology.	☐	☐

line(s) ______ : ______________________________

____

	true	false
c) *Jacobin magazine* is a popular American magazine.	☐	☐

line(s) ______ : ______________________________

____

	true	false
d) The author and his siblings were able to go to a public school because they came from Trinidad and Tobago.	☐	☐

line(s) ______ : ____

____

	true	false
e) The US has a system that offers public support to those who can afford to live in a relatively rich neighbourhood.	☐	☐

line(s) ______ : ____

____

	true	false
f) In most cases people adopt a socialist attitude because of their experience of hard work in a factory.	☐	☐

line(s) ______ : ____

____

2. Based on the information given in the text, tick the best statement and support your claim with evidence from the text. Write down the line(s) plus the first three words and the last three words of the quote(s) to support the solution you have chosen.
   Only one statement is correct. The first one serves as an example.

   a) In high school, the author … 0

   - ☐ had no friends because he had to work so much.
   - ☐ wasn't allowed to go to the public library.
   - ☑ spent a lot of time at the library because his parents could not look after him.
   - ☐ wanted to be better than his classmates.

   line(s) 20/21 : "But my parents … off their shifts."

   b) The author … 1

   - ☐ became a radical socialist because he was bossed around at work.
   - ☐ couldn't openly rebel because it would have endangered his parents' position.
   - ☐ dressed in a way that didn't conform with socialism.
   - ☐ saved money to help his parents build a house in a rich suburb.

line(s) ______ : ____

____

c) At Key Foods … **1**

- ☐ the workers sometimes had to put on different dresses when the boss ordered it.
- ☐ some workers had to travel a long way just to work for only one hour.
- ☐ immigrant workers were especially ordered to work for younger, white bosses.
- ☐ the workers sometimes lost part of their wage when they did not exactly follow the rules.

line(s) ______ : ____

____

d) The author needed the money he earned to … **1**

- ☐ start his own import/export business.
- ☐ marry while he was still in college.
- ☐ pay the bills he got because he was ill.
- ☐ provide for the time when his parents would be too old or dead.

line(s) ______ : ____

____

e) The negative aspects of American capitalism are often overlooked because … **1**

- ☐ they only arise when the business is not completely legal.
- ☐ they are interpreted as important, teaching you how to overcome obstacles.
- ☐ they only hit those who deserve it.
- ☐ in the long run, they are successfully fought by activists.

line(s) ______ : ____

____

f) People still believe in the American Dream because … 1

- [ ] there are always examples of people who made it to the top based on their own efforts.
- [ ] individual hardships are counterbalanced by social responsibility.
- [ ] people can work until old age.
- [ ] it has helped to provide public schools and public libraries and to fight racism.

line(s) ______ : ____

____

Teil II: Analysis — Content 10 VP / Language 15 VP

1. Interpret the cartoon (Material B) and relate it to the message of the article by Bhaskar Sunkara.

Teil II: Composition — Content 10 VP / Language 15 VP

Choose *one* of the following.

2.1 Illustrate in which way Lily Casey Smith could be seen as the embodiment of the American Dream.

or

2.2 "Is there such a thing as national identity?"

Discuss with reference to Germany or Great Britain.

Lösungsvorschlag

Teil I: Comprehension

		true	false
1.	b) Self-reliance is an important feature of socialist ideology. **lines 3/4: "Self-reliance is something … a bit problematic."**	☐	☑
	c) *Jacobin magazine* is a popular American magazine. **lines 5–7: "*Jacobin magazine* – prominent … more mainstream outlets."**	☐	☑
	d) The author and his siblings were able to go to a public school because they came from Trinidad and Tobago. **lines 10–14: "My mother eventually … good public school."**	☐	☑
	e) The US has a system that offers public support to those who can afford to live in a relatively rich neighbourhood. **lines 15/16: "In America, we … high property taxes."**	☑	☐
	f) In most cases people adopt a socialist attitude because of their experience of hard work in a factory. **lines 24–26: "I wasn't the … but few are."**	☐	☑

2. b) The author …

- ☐ became a radical socialist because he was bossed around at work.
- ☑ couldn't openly rebel because it would have endangered his parents' position.
- ☐ dressed in a way that didn't conform with socialism.
- ☐ saved money to help his parents build a house in a rich suburb.

lines 27–29: "But my family's … wasn't an option."

c) At Key Foods …

- ☐ the workers sometimes had to put on different dresses when the boss ordered it.
- ☐ some workers had to travel a long way just to work for only one hour.
- ☐ immigrant workers were especially ordered to work for younger, white bosses.
- ☑ the workers sometimes lost part of their wage when they did not exactly follow the rules.

lines 36/37: "All of us … most minor transgressions."

d) The author needed the money he earned to …

- [ ] start his own import/export business.
- [ ] marry while he was still in college.
- [x] pay the bills he got because he was ill.
- [ ] provide for the time when his parents would be too old or dead.

lines 42/43: "The money would … my second year."

e) The negative aspects of American capitalism are often overlooked because …

- [ ] they only arise when the business is not completely legal.
- [x] they are interpreted as important, teaching you how to overcome obstacles.
- [ ] they only hit those who deserve it.
- [ ] in the long run, they are successfully fought by activists.

lines 51–53: "So, something like … about overcoming obstacles."

f) People still believe in the American Dream because …

- [x] there are always examples of people who made it to the top based on their own efforts.
- [ ] individual hardships are counterbalanced by social responsibility.
- [ ] people can work until old age.
- [ ] it has helped to provide public schools and public libraries and to fight racism.

lines 57/58: "And that's part … can be successful."

or

lines 58/59: "A few token … to their machines."

Teil II: Analysis

1. *Description:*
   - *The cartoon shows two beggars with signs around their necks saying, "Please help!"*
   - *One of them is holding out his hand, the other a hat.*
   - *In the caption the man with the hat says that he loves America because it only took him 25 years of begging to be able to afford a hat.*

   Interpretation:
   - *The cartoon makes fun of the American Dream: Anyone can achieve his goals if he does not set them too high.*

   Relation to the article:
   - *The author "lives" the American Dream.*

- *He criticises the fact that the Americans' belief in the American Dream stops people from lower social backgrounds from becoming successful.*
- *But because some people still make it, the story of the American Dream keeps on being told.*
- *The cartoon and the article show that although it is obvious that sth. is wrong in America, Americans are not willing to stop believing in the American Dream.*

In the cartoon, you can see two men, an old one and a younger one, standing on the pavement begging for money. They are wearing ragged clothes and have signs hanging from their necks saying, "Please Help!" The only obvious difference is that the older one is holding a hat in his hand. He says to the younger beggar, "I begun like you, with nothing but my bare hands. Look at me now! Only 25 years later, I'm begging with my own hat! Geez, I love this country! Everybody can make it here." The fact that he, unlike his younger colleague, now possesses a hat seems to him to be the proof that the American Dream is still valid: "everybody can make it here". This is funny, because the possession of a hat after 25 years of begging can hardly be called success. Thus, the older beggar exemplifies the kind of attitude Bhaskar Sunkara criticises as the "disease that keeps American capitalism going" (line 57): despite clear evidence to the contrary, Americans still believe that everybody can be successful through hard work and individual luck. Although many people are still poor after a whole life of effort and hard work, even they themselves interpret reality in a way that enables them to keep believing in the American Dream. Just as the old beggar sees the possession of the hat as a sign of his success and thus of the American Dream come true, so many Americans might see the few examples of people like Sunkara as a proof of the validity of the American Dream. However, he himself knows that first, his success is the result of social and political institutions and activism like the public library, the school system or the anti-discrimination movement as well as of his own efforts, and second, there were and still are many other people around him who worked as hard as he did and simply were not successful enough to leave their humiliating work conditions behind and lead a dignified life. Thus, the messages of the cartoon and Sunkara's article are similar: Americans should question their belief in the American Dream and start to think of political means to create a fairer society that overcomes the injustices of American capitalism. *(377 words)*

Teil II: Composition

2.1 *Important aspects:*
- *Lily does not embody the idea of "rags to riches", but she stands for an older, more original form of the American Dream.*
- *She is independent: e. g. she knows that she saved her siblings and herself from the flood, she manages to continue her education when her father cannot pay for it anymore …*

- *She works hard to achieve her goals and fights for her dreams: e. g. she does everything she can to become a teacher.*
- *When she is thrown back by sth. she fights her way back up again: e. g. when she and her husband lose their garage.*

At no point in her biography is Lily Casey Smith actually rich and could thus meet the expectations connected with the American Dream in its degenerate capitalist form. However, she embodies many of the features that are part of the American Dream in its more original form, brought about by the pioneer spirit of the settlers.
The opening episode of the novel, in which she saves her own life as well as the lives of her brother and her sister by holding onto a tree during a flood, illustrates her willpower as well as her self-reliance. When her mother thanks God for saving their lives, Lily insists that she herself was the only one who saved them. This idea that in the end it is always she herself that must overcome obstacles runs like a leitmotif through her whole biography. She tries to acquire the means for an independent life by getting a school education and offers to work for the fees when her father is unwilling to pay them, but knows that she cannot become a nun instead because that would mean losing her independence. When her plans and wishes are frustrated, she looks ahead and does not hesitate to suffer deprivations if they offer new opportunities. At the age of 15, she makes a journey of 500 miles all alone on her horse in order to take her first job as a teacher in a small village. Despite this down-to-earth attitude she also develops dreams that drive her on. When on her journey back to her parents (she has lost her teaching job) she sees a red plane in the sky, she develops the feeling that there is a whole world beyond the small horizon of her parents' ranch and thus leaves her family again in order to travel to Chicago. There she works as a maid and again attends school to get her high-school diploma and later even goes to college. Unlike her sister Helen, whose dreams of becoming a film star completely fail and finally lead her to suicide, Lily balances her dreams with a rational approach to life. During the Great Depression, she shows entrepreneurial spirit and keeps looking for additional means of income. When her husband's garage goes bankrupt, they again do not hesitate to leave their old life behind and start a new life on a lonely farm, which means a lot of deprivations, but also independence and self-reliance.
If you take independence, liberty, equality and justice, the idea that one's prosperity depends upon one's own abilities and hard work, as the central elements of the American Dream, then Lily Casey Smith can be seen as the embodiment of the American Dream. *(449 words)*

2.2 If you look at America, it is easy to detect something like a national identity. US citizens are united by a pride in their country, and they believe in the opportunities for success this country offers them whatever their origin may be, depending simply on their will to work hard and to overcome obstacles.

In European countries, it is much harder to find such an ideology. Both British and German people, for example, are usually rather suspicious of such strong beliefs. In Germany, this attitude is the result of the political history of the 20th century. After Nazism, national pride has always had negative associations. Thus, if Germans accept talk of a German identity, they will mostly try to define it by referring to certain typical German character traits. Germans often consider themselves to be efficient, hard-working and orderly, and they are said to be submissive to the state and often rather apolitical. However, if you asked a German individual, they would probably say that they themselves are not typically German, and will give you many reasons why not. Germans do not want to be seen as typically German.

In Britain, it is equally difficult to describe a national identity, although for different reasons. With England, Scotland and Wales, it consists of three different "nations" in which a stronger national identity has emerged than in its overarching entity. In Scotland, where we can find a strong political movement aiming at independence from England, national pride is especially widespread. The English themselves are less enthusiastic about their Englishness, at least openly, and might probably define it by reference to their special sense of humour, their stiff upper lip, their queuing habits or their tendency towards understatement. A British identity, however, is attractive to immigrants to Britain and their descendants, who do not normally define themselves as English (or Scottish or Welsh, for that matter) but as British. Britishness could thus be defined as having the political function of integrating immigrants into British society.

The two examples of Germany and Britain show that a national identity, if it is supposed to include more than simply the fact of being a citizen of a certain state, can be difficult to define. In states with high immigration rates, separatist movements or other political controversies, national identity is often used polemically by different political sides and with various aims. In saturated societies, however, the respective national identity might play a role in international football championships. Apart from this, it is often made up of stereotypes, but does not play an important role in everyday life. *(430 words)*

Schriftliche Abiturprüfung Englisch (Baden-Württemberg)
Abiturähnliche Übungsaufgabe 3: *Gun Culture*

Material A

American gun use is out of control. Shouldn't the world intervene?

Last week, Starbucks asked its American customers to please not bring their guns into the coffee shop. This is part of the company's concern about customer safety and follows a ban in the summer on smoking within 25 feet of a coffee shop entrance and an earlier ruling about scalding hot coffee. After the celebrated Liebeck v McDonald's case in 1994, involving a woman who suffered third-degree burns to her thighs, Starbucks complies with the Specialty Coffee Association of America's recommendation that drinks should be served at a maximum temperature of 82° C.

Although it was brave of Howard Schultz, the company's chief executive, to go even this far in a country where people are better armed and only slightly less nervy than rebel fighters in Syria, we should note that dealing with the risks of scalding and secondary smoke came well before addressing the problem of people who go armed to buy a latte. There can be no weirder order of priorities on this planet.

That's America, we say, as news of the latest massacre breaks – last week it was the slaughter of 12 people by Aaron Alexis at Washington DC's navy yard – and move on. But what if we no longer thought of this as just a problem for America and, instead, viewed it as an international humanitarian crisis – a quasi civil war, if you like, that calls for outside intervention? As citizens of the world, perhaps we should demand an end to the unimaginable suffering of victims and their families – the maiming and killing of children – just as America does in every new civil conflict around the globe.

The annual toll from firearms in the US is running at 32,000 deaths and climbing, even though the general crime rate is on a downward path (it is 40 % lower than in 1980). If this perennial slaughter doesn't qualify for intercession by the UN and all relevant NGOs, it is hard to know what does.

To absorb the scale of the mayhem, it's worth trying to guess the death toll of all the wars in American history since the War of Independence began in 1775, and follow that by estimating the number killed by firearms in the US since the day that Robert F. Kennedy was shot in 1968 by a 22 Iver-Johnson handgun, wielded by Sirhan Sirhan. The figures from Congressional Research Service, plus recent statistics from icasualties.org, tell us that from the first casualties in the battle of Lexington to recent operations in Afghanistan, the toll is 1,171,177. By contrast, the number killed by firearms, including suicides, since 1968, according to the Centres for Disease Control and Prevention and the FBI, is 1,384,171.

That 212,994 more Americans lost their lives from firearms in the last 45 years than in all wars involving the US is a staggering fact, particularly when you place it in the context of the safety-conscious, "secondary smoke" obsessions that characterise so much of American life.

Everywhere you look in America, people are trying to make life safer. On roads, for example, there has been a huge effort in the past 50 years to enforce speed limits, crack down on drink/drug driving and build safety features into highways, as well as vehicles. The result is a steadily improving record; by 2015, forecasters predict that for first time road deaths will be fewer than those caused by firearms (32,036 to 32,929).

Plainly, there's no equivalent effort in the area of privately owned firearms. [...]

About their own safety, Americans often have an unusual ability to hold two utterly opposed ideas in their heads simultaneously. That can only explain the past decade in which the fear of terror has cost the country hundreds of billions of dollars in wars, surveillance and intelligence programmes and homeland security. Ten years after 9/11, homeland security spending doubled to $69 bn. The total bill since the attacks is more than $649 bn.

One more figure. There have been fewer than 20 terror-related deaths on American soil since 9/11 and about 364,000 deaths caused by privately owned firearms. If any European nation had such a record and persisted in addressing only the first figure, while ignoring the second, you can bet your last pound that the State Department would be warning against travel to that country and no American would set foot in it without body armour.

But no nation sees itself as outsiders do. Half the country is sane and rational while the other half simply doesn't grasp the inconsistencies and historic lunacy of its position, which springs from the second amendment right to keep and bear arms, and is derived from English common law and our 1689 Bill of Rights. We dispensed with these rights long ago, but American gun owners cleave to them with the tenacity that previous generations fought to continue slavery. Astonishingly, when owning a gun is not about ludicrous macho fantasy, it is mostly seen as a matter of personal safety, like the airbag in the new Ford pick-up or avoiding secondary smoke, despite conclusive evidence that people become less safe as gun ownership rises.

Talking to American friends, I always sense a kind of despair that the gun lobby is too powerful to challenge and that nothing will ever change. The same resignation was evident in President Obama's rather lifeless reaction to the Washington shooting last week. There is absolutely nothing he can do, which underscores the fact that America is in a jam and that international pressure may be one way of reducing the slaughter over the next generation. This has reached the point where it has ceased to be a domestic issue. The world cannot stand idly by. *(963 words)*

Porter, Henry: "American gun use is out of control. Shouldn't the world intervene?" In: The Observer (The Guardian), 21. 9. 2013.

Material B

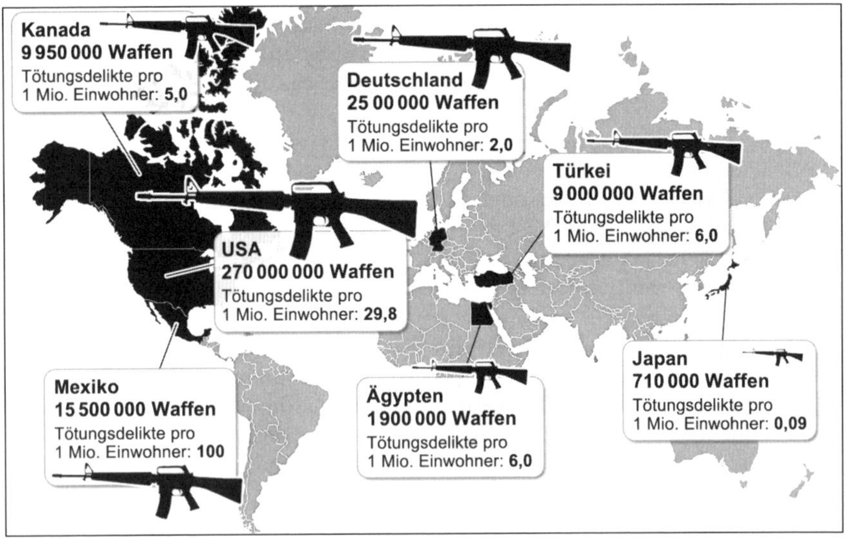

Source: gunPolicy.org, University of Sydney; Gun: © Can Stock Photo Inc. / asado

Teil I: Comprehension

Content 10 VP

Read Material A and complete the following tasks.

Give keyword-style answers and back your findings up with one suitable quote from the text. Write down the line(s) plus the first three words and the last three words of the quote to support the solution you have chosen. There is one example given.

0. Example **0**

What, according to the text, was the initial cause of Starbucks installing safety regulations in their shops?

The Liebeck v McDonald case involving a woman who suffered third-degree burns: "After the celebrated … temperature of 82 C°." (lines 4-7)

1. What are the measures taken by Starbucks to enhance customer safety in their shops? Put them in chronological order of installation. **3**

2. How does the author evaluate this chronological order? 1

3. What terms does the author suggest "citizens of the world" could use to describe gun-related violence in America? Name at least two. 1

4. What does the number 1,171,177 stand for? 1

5. Which example does the author give of an effective measure against a problem in American society? 1

6. What, according to the author, would the American State Department do if a European nation had comparable expenses in the war against terror and comparable numbers of deaths by privately owned firearms? 1

7. What does the author think about the idea that privately owned guns increase personal safety? **1**

____

____

____

8. What is the final conclusion the author draws? **1**

____

____

____

Teil II: Analysis — Content 10 VP / Language 15 VP

1. "… despite conclusive evidence that people become less safe as gun ownership rises." (lines 64/65)

   Explain the graph and assess whether it supports Porter's thesis quoted above by giving "conclusive evidence".

Teil II: Composition — Content 10 VP / Language 15 VP

Choose *one* of the following.

2.1 Interpret whether the film *Crash* supports Porter's thesis that American society is deeply divided about its assessment of widespread gun ownership and that guns cause serious problems in American society.

or

2.2 Write a letter to the editor in which you compare America's obsession with guns with Germany's obsession with speed and the problem of establishing a general speed limit on German motorways.

Lösungsvorschlag

Teil I: Comprehension

1. **First: Drinks mustn't be served hotter than 82° C**: "After the celebrated … temperature of 82° C" (lines 4–7)

   Then: No smoking in and around the shop: "follows a ban … coffee shop entrance" (line 3)

   Then: No guns in the shop: "Last week, Starbucks … the coffee shop." (lines 1/2)

2. **He thinks it is very weird**: "There can be … on this planet." (line 12)

3. **An international humanitarian crisis or a quasi civil war**: "But what if … for outside intervention?" (lines 15–17)

4. **This is the estimated number of people killed in wars in which America was involved, from the Civil War up to the war in Afghanistan**: "The figures from … toll is 1,171,177." (lines 29–31)

5. **The measures against road deaths**: "Everywhere you look … (32,036 to 32,929)." (lines 38–43)

6. **It would warn against travel to that country**: "you can bet … to that country". (lines 54/55)

7. **He thinks it is insane and irrational as it contradicts conclusive evidence**: "Half the country … gun ownership rises." (lines 57–65)

8. **There must be international pressure on the US to support Obama's fight against the gun lobby**: "There is absolutely … stand idly by." (lines 69–72)

Teil II: Analysis

1. *Key points:*
   - *The map seems to prove the theory: in countries such as the USA, Germany and Japan the number of privately owned guns and homicides correlate (few guns and few killings in Japan, many guns and many killings in the US).*
   - *But: In Mexico the number of homicides is very high while the number of guns is low if you compare it to Germany or the US. In Egypt the number of guns is significantly lower than in Turkey, but the number of killings is the same.*
   - *The graph does not consider the political stability of a country.*
   - *The number of killings is related to the population, the number of guns is not.*

   Conclusion: Although the graph suggests that there is a connection between gun ownership and murders, it does not give "conclusive evidence".

Based on the map of the world, the graph shows the relationship of the number of (privately owned) guns to the number of killings per one million inhabitants in seven different countries. The highest number of guns can be found in the US – US citizens possess 270,000,000 guns. Furthermore, the number of killings is relatively high there: 29.8 killings per one million inhabitants (probably per year). In other countries, such as Germany, the number of guns is lower, as is the number of killings. The most drastic example is Japan, where citizens "only" possess 710,000 guns and only 0.09 inhabitants per million are killed by others. Only Mexico has a higher number of killings than the US (quite significantly more than three times higher), while Mexicans possess "only" 15,500,000 guns.
The graph does not give the population of the countries, so we cannot decide how many guns per person a country has. It also compares politically stable countries like the US, Canada or Germany with politically instable countries like Mexico or Egypt. Thus, "conclusive evidence" cannot be easily drawn from this graph. Even though on a superficial level the enormous number of guns in the US seems to support Porter's thesis that gun ownership leads to killings, especially if compared to countries like Japan, where we can perceive such a small number of guns and so few killings, countries like Mexico cannot be easily subsumed under this claim, because the number of guns is significantly lower than in the US (but how many inhabitants does Mexico have?), whereas the number of killings is much higher. So it seems that other social factors must be taken into account when talking about the reasons for high homicide rates. However, we can at least concede that the graph suggests that there is a significant relationship between gun ownership and the number of homicides without really giving "conclusive evidence".

(315 words)

Teil II: Composition

2.1 *Gun-related crime in* Crash:

- *Anthony and Peter use a gun to threaten the Cabots when they steal their car.*
- *Waters and Ria come to a crime scene where one undercover policeman has shot another.*
- *Daniel Ruiz has moved to a new house to protect his daughter; in their former home she must have been confronted with gun shots.*
- *Anthony and Peter try to steal another car by using gun force.*
- *Farhad Golzari tries to shoot the locksmith he considers responsible for the robbery of his shop.*
- *Tom Hansen shoots Peter by mistake.*

Most important arguments for and against gun ownership and relevance for the film:

- *Supporters claim carrying a weapon can protect you and your family.*
  → *Farhad Golzari buys a gun to protect his shop. He realises that the theory is wrong when he almost shoots a little girl.*
- *Opponents believe that many people are shot by accident because others feel threatened without reason.*
  → *The undercover policeman shoots the other policeman because he feels threatened (at least that's what he says).*
  → *Tom Hansen shoots Peter because he thinks Peter pulls a gun.*
- *They also point out the danger of gun-related crime.*
  → *Anthony and Peter use a gun to steal cars.*

Conclusion: Crash *supports Porter's theory that gun ownership increases the risk of homicide.*

In *Crash*, most of the violence that occurs is linked to the use of guns. Anthony and Peter hijack Rick's car by threatening him with a gun, and try to do the same with Cameron's car. In two episodes of the plot, however, the widespread use of guns and its damaging consequences are discussed on a deeper level.

The first one starts with Farhad in the gun shop. Farhad is deeply suspicious of American society and expects everyone to discriminate against him. With the help of his daughter, he buys a gun despite the shop owner's reluctance to sell a weapon to an "Arabic terrorist". Later on, when Daniel, the locksmith who replaces the lock on Farhad's shop, recommends having the whole door replaced, Farhad thinks that Daniel wants to cheat him and refuses to change the door. When his shop is vandalised by burglars, the insurance company refuses to cover the costs. He decides to take revenge for the injustice that was done to him in his eyes, takes the gun he has just bought and confronts Daniel. Daniel's little daughter tries to protect her father and Farhad shoots at her. Luckily, Farhad's daughter Dorri had bought blanks for her father instead of real ammunition, but the dramatic impact of the scene makes it quite clear what catastrophic consequences it can have when guns are in the hands of people who have difficulty

controlling their emotions. Later in the film Farhad deeply regrets what he has done and is enormously relieved that Daniel's daughter "was an angel who protected him" and did not die when he shot her (he does not know about the blanks in his gun). He cries and gives the gun back to his daughter, who puts it away.
The second episode that implicitly questions the widespread use of guns is the one in which Officer Hansen gives Peter a lift. He actually wants to prove (to himself) that he is not a racist and that he will allow a black man to enter his car, but when Peter starts laughing when he sees the figure of St. Christopher on the dashboard, Hansen feels offended and does not trust Peter. So when Peter wants to take out his identical statuette, Hansen thinks he is grabbing for his gun and shoots him. Again, a minor misunderstanding turns into a catastrophe.
In respect to guns, *Crash* has a clear message: in a society so ridden by mistrust and racial prejudice, guns enormously increase the potential for violence and can lead to deadly consequences. *(425 words)*

2.2 *Aspects that can be compared:*

- *The lack of speed limits and gun ownership can both lead to fatal accidents.*
- *The right of gun ownership and the right to drive fast on motorways in Germany are both rights which most politicians do not dare to touch.*
- *Supporters claim that "free citizens" should have the right to own guns/drive fast.*
- *Innocent people are in danger when people who do not have themselves under control make use of their right.*

Sir,

I quite support the idea of international intervention on behalf of American gun use mentioned in the article. It also made me think of a similar move for Germany. I am not sure if many foreigners envy America's liberty in respect to gun use (and abuse). In Germany, we have a sacred cow for which we are envied by many (especially male) citizens of countries all over the world. This cow is called "Autobahn", and it comes with a special feature: the absence of a general speed limit. No political party, not even the Green party when it was in power, managed to establish a general speed limit on our motorways, even though, in all probability, there would be a majority in favour of such a speed limit if only anyone dared to hold a referendum. The advantages are obvious. There is conclusive evidence that a speed limit would not only reduce the number of accidents, especially fatal accidents, that are often the result of high speed, but it would also reduce the emissions of carbon dioxide, the No. 1 climate-wrecking gas. However, as soon as the discussion comes up, lobby organisations like the *Allgemeine Deutsche Automobil Club* (ADAC), which, by the way, has come under harsh criticism because of its corruption, take the side of the minority of drivers high on testosterone and insist on "Freie Fahrt für freie Bürger", a slogan that could be translated as "free citizens have a right to full speed". They insist on this idea even though tests have shown that on average, people do not reach their destinations significantly later when they keep to a self-imposed speed limit of 120 km/h instead of stepping on it as often as possible. So maybe Germany also needs an intervention by the international community? Do we also have a humanitarian crisis because of the toll of people killed on our roads by “free citizens” who cling to a ludicrous macho fantasy that switches off all rational considerations? I think we do. In terms of moral obligation, there can only be one opinion on this issue. The only problem is that people from abroad coming to Germany as tourists quite often enjoy the supposed freedom of the German Autobahn as much as some lead-footed Germans. It seems as if some obsessions are international. As long as German motorways are considered to be one of the last resorts for maniacs worthy of species protection, I am not convinced that the world will have the will to intervene. *(420 words)*

Schriftliche Abiturprüfung Englisch (Baden-Württemberg)
Abituränhliche Übungsaufgabe 4: ***Immigration***

Material A

E. L. Doctorow, *Ragtime*

E. L. Doctorow's novel (published in 1975) is set in the New York City area at the beginning of the 20th century.

Most of the immigrants came from Italy and Eastern Europe. They were taken in launches to Ellis Island. There, in a curiously ornate human warehouse of red brick and grey stone, they were tagged, given showers and arranged on benches in waiting pens. They were immediately sensitive to the enormous power of the immigration officials. These officials changed names they couldn't pronounce and tore people __ **[Gap 1]** __, consigning to a return voyage old folks, people with bad eyes, riffraff and also those who looked insolent. Such power was dazzling. The immigrants were reminded of home. They went into the streets and were somehow absorbed in the tenements. They were despised by New Yorkers. They were filthy and illiterate. They stank of fish and garlic. They had running sores. They had no honor and worked for __ **[Gap 2]** __. They stole. They drank. They raped their own daughters. They killed each other casually. Among those who despised them the most were the second-generation Irish, whose fathers had been guilty of the same crimes. Irish kids pulled the beards of old Jews and knocked them down. They upended the pushcart of Italian peddlers.

Every season of the year wagons came through the streets and picked up bodies of derelicts. Later that night old ladies in babushkas came to the morgue looking for their husbands and sons. The corpses lay on tables of galvanized iron. From the bottom of each table a drainpipe extended to the floor. Around the rim of the table was a culvert. And into the culvert ran the water sprayed constantly __ **[Gap 3]** __ from an overhead faucet. The faces of the dead were upturned into the streams of water that poured over them like the irrepressible mechanism in death of their own tears.

But somehow piano lessons began to be heard. People stitched themselves to the flag. They carved paving stones for the streets. They sang. They told jokes. The family lived in one room and everyone worked: Mameh, Tateh and The Little Girl in a pinafore. Mameh and the little girl sewed knee pants and got __ **[Gap 4]** __. They sewed from the time they got up to the time they went to bed. Tateh made his living in the street. As time went on they got to know the city. One Sunday, in a wild impractical mood, they spent twelve cents for three fares on the streetcar and rode uptown. They walked on Madison Avenue and Fifth Avenue and looked at the mansions. Their owners called them palaces. And that's what they were, they were palaces. They had all been designed by Stanford White. Tateh was the Socialist. He looked at the palaces and his heart was outraged. The family walked quickly. The police in the tall helmets looked at them. On these wide empty sidewalks in this part of the city the police did not like to see immigrants. Tateh explained that this was because an immigrant some years before had shot the steel millionaire Henry Frick in Pittsburgh. *(535 words)*

Annotations

line 2:	launch: a large motor boat used for short trips
line 6:	riffraff: disreputable or undesirable people
line 7:	insolent: rude, arrogant, not showing respect
line 17:	babushka: a woman's scarf, usually triangular, that is worn on the head and tied under the chin
line 18:	to galvanize: to coat (iron or steel) with zinc to prevent rust
line 20:	culvert: a channel or chute for drainage
line 21:	faucet: a device for turning water on and off
line 26:	pinafore: a sleeveless dress worn over a blouse or shirt
line 32:	Stanford White: American architect (1853–1906) who designed residential properties in New York
line 36:	Henry Frick: American industrialist and financier (1849–1919)

Material B

Jacob A. Riis: How the other half lives. Studies among the tenements. New York: Charles Scribner's Sons 1889, p. 26

The Italian Slum Children

I have in mind one Italian "flat" among many, a half underground hole in a South Fifth Avenue yard, reached by odd passageways through a tumbledown tenement that was always full of bad smells and scooting rats. Across the foul and slippery yard, down three steps made of charred timbers from some worse wreck, was this "flat", where five children slept with their elders. How many of those there were I never knew. There were three big family beds, and they nearly filled the room, leaving only patches of the mud floor visible. The walls were absolutely black with age and smoke. The plaster had fallen off in patches and there was green mould on the ceiling. And yet, with it all, with the swarm of squirming youngsters that were as black as the floor they rolled upon, there was evidence of a desperate, if hopeless, groping after order, even neatness. The beds were made up as nicely as they could be with the old quilts and pieces of carpet that served for covering. *(178 words)*

Jacob A. Riis: The children of the poor. New York: Charles Scribner's Sons 1892, p. 11

Teil I: Comprehension — Content 10 VP

1. Read Material A and fill in the gaps **1–4** with appropriate phrases from the selection provided **(A–F)**. Please note that there are two more choices than you need. **2**

A next to nothing — **B** walking around aimlessly

C from their families — **D** whatever they wanted for it

E over each body — **F** seventy cents a dozen

Gap 1	Gap 2	Gap 3	Gap 4

2. Tick the two correct solutions and give appropriate quotes. Write down the line(s) plus the first three words and the last three words of the quote(s) to support the solutions you have chosen. **2**

At the point of immigration newcomers …

☐ were often hit and humiliated by the officials.

☐ felt that they were completely at the mercy of the officials.

☐ were treated like cattle.

☐ often tried to bribe immigration officers to be given entry visas.

line(s) ______: ____

____

line(s) _____ : ____

____

3. Complete the sentence in your *own* words. **1**

   At times immigrants were given new names because …

   ____

   ____

4. Decide whether these statements are true or false and tick the corresponding box. Quote from the text to support your decision. Write down the line(s) plus the first three words and the last three words of the quote(s).

	true	false	
a) The sick and people who did not seem respectful were sent back home.	☐	☐	**1**

   line(s) _____ : ____

   ____

	true	false	
b) The police often called husbands and wives to identify the dead bodies of their relatives lying in the morgue.	☐	☐	**1**

   line(s) _____ : ____

   ____

	true	false	
c) Locals who were already living in the city hated and scorned the newcomers.	☐	☐	**1**

   line(s) _____ : ____

   ____

5. Tick the correct solution and give an appropriate quote. Write down the line(s) plus the first three words and the last three words of the quote(s) to support the solution you have chosen. **1**

   Mameh, Tateh and the Little Girl went uptown …

   ☐ because they were planning something illegal.
   ☐ just for fun.
   ☐ to do some business.
   ☐ to see the unjustifiable wealth gap in the city with their own eyes.

line(s) ______: ____

____

6. Complete the sentence in your *own* words. **1**

When Tateh saw the houses in Madison Avenue and Fifth Avenue he felt ____________________ because …

____

____

Teil II: Analysis — Content 10 VP / Language 15 VP

Read the text in Material B.

1.1 Describe the photo.

1.2 Relate it to the texts in Material A and B including the living conditions Lily and her family had to cope with in *Half Broke Horses*.

Teil II: Composition — Content 10 VP / Language 15 VP

Choose *one* of the following:

2.1 Many rundown quarters where immigrant families used to live have today become fashionable residential areas.

Comment on the reasons for and the consequences of the gentrification of today's big cities.

or

2.2 "Tourism is one of the most profitable and potentially most destructive enterprises in the world."

Evaluate the pros and cons of mass tourism.

Lösungsvorschlag

Teil I: Comprehension

Here you have a mixture of different tasks. In Task 1 you have to fill in the gaps in the text. Try to solve a task like this when you read the text for the first time because it will help you to understand the text better. Tasks 2–6 follow the chronological order of the text. This helps you when you are looking for the relevant passages. Be careful when you do Tasks 3 and 6. You have to use your OWN words here.

1.

Gap 1	Gap 2	Gap 3	Gap 4
C	A	E	F

2. At the point of immigration newcomers …
   - ☐ were often hit and humiliated by the officials.
   - ☑ felt that they were completely at the mercy of the officials.
   - ☑ were treated like cattle.
   - ☐ often tried to bribe immigration officers to be given entry visas.

   lines 4/5: "immediately sensitive to … the immigration officials"

   lines 3/4: "they were tagged, … in waiting pens"

3. At times immigrants were given new names because **ignorant immigration officers were not able to pronounce their real names**. (cf. line 5: "These officials changed names they couldn't pronounce").

4. a) The sick and people who did not seem respectful were sent back home. — true ☑ false ☐

   lines 6/7: "consigning to a … who looked insolent."

   b) The police often called husbands and wives to identify the dead bodies of their relatives lying in the morgue. — true ☐ false ☑

   lines 17/18: "old ladies in … husbands and sons."

   c) Locals who were already living in the city hated and scorned the newcomers. — true ☑ false ☐

   line 9: "They were despised by New Yorkers."

5. Mameh, Tateh and the Little Girl went uptown …
   - [ ] because they were planning something illegal.
   - [x] just for fun.
   - [ ] to do some business.
   - [ ] to see the unjustifiable wealth gap in the city with their own eyes.

   lines 28–30: "in a wild … and rode uptown"

6. Complete the sentence in your *own* words.

   When Tateh saw the houses in Madison Avenue and Fifth Avenue he felt **angry / mad / infuriated / enraged** because **he thought it was unfair that rich people lived in palaces while they were extremely poor. (cf. lines 32/33)**

Teil II: Analysis

1.1 *Key points:*
Description of photo:
- *Old photograph taken in New York around 1900 showing four adults in backyard of tall buildings*
- *Three men in front of shabby wooden huts (toilets?) and a woman holding a child on her arm*
- *Photo shows the poverty of immigrants*

The old photograph, which was probably taken in New York around 1900 or even earlier, shows the scene in the backyard of tall redbrick buildings. We can see four adults posing for the photographer. On the right-hand side three men wearing hats and clothes made of heavy material are sitting on a bench in front of shabby wooden huts – probably outside toilets – built onto the wall of the block of flats on the right. A woman wearing a long dress and an apron is standing in front of a makeshift lean-to on the left-side of the yard. She is holding a child on her left arm. The photo depicts the poverty and the miserable conditions of immigrants to the New World. *(121 words)*

1.2 *Key points:*
Relation to Material A:
- *Excerpt gives details of life of immigrants in New York*
- *Confronted with prejudice, humiliation and violence*
- *Hard work*

Relation to Material B:
- *Detailed account of dreadful living conditions in cramped, dark, filthy places*

Lily's living conditions:
- *Childhood in dugout in west Texas*

- *Later on AIC farm: life without any luxury*
- *Lily used to putting up with any deprivation*

The excerpt from *Ragtime* gives the reader further insight into the life of immigrants to the United States at the turn of the 20th century. When they first arrived at Ellis Island they were often humiliated by immigration officers, and later, in New York, they had to cope with prejudice, humiliation and violence in a bustling city in which wealth and poverty were not far apart from each other. The reader also learns how the immigrants lived and worked hard to earn a living and preserve their dignity.

The author of the text in Material B describes in detail the dreadful living conditions of many people like those we can see in the photo. In his account the witness gives a realistic impression of the environment in which the poorest of the poor tried to survive. Crammed together in dark, cramped and filthy rooms infested by vermin, the immigrant families endured extreme hardship, but, at the same time, made every effort not to lose heart and give in to desperation.

When Lily was a child and lived with her family on the banks of the Salt Draw River in west Texas, she had to endure similarly wretched conditions as those described in Material B – however, not in a crowded city, but on a remote homestead. The family lived in a hole which her father had dug out on the side of the riverbank because there was nothing with which to build a shed or house. When it rained, the dugout was full of mud and swarms of mosquitoes. As a result, Lily was used to putting up with the most basic living conditions from early on. Later, on the AIC farm, this experience helped her to cope with a life far away from the nearest town in a house without any luxury. Lily was so used to putting up with any deprivation that she would no doubt also have managed to survive among the mass of immigrants in New York. *(330 words)*

Teil II: Composition

2.1 *Possible structure:*

Introduction: Definition of gentrification
- *Run-down city quarters are transformed into residential areas*

Main part:
- *Advantages of gentrification:*
  - *Urban redevelopment is a sign of progress*
  - *Neglected quarters are revived*
  - *Attractive to residents and tourists*
- *Disadvantages of gentrification:*
  - *Rents go up, poorer residents are driven out*
  - *"Yuppification": boutiques and wine bars (uniformity)*
  - *Naturally developed character is destroyed*

Conclusion: City council must preserve social mix

Among the most recent and heavily discussed economic and social changes of the 21st century is the phenomenon of gentrification. Run-down quarters of big cities are being transformed into elegant, expensive residential areas. One of the most impressive examples of gentrification is in England's capital: the Docklands. When the port in London was moved to Tilbury in the 1970s and '80s, the Docklands remained a derelict part of London until redevelopers bought them and turned them into representative offices as well as fashionable expensive flats. In the USA, urban renewal occurred in New York with the transformation of the infamous district of Harlem. Similarly, in Berlin, boroughs such as the Prenzlauer Berg are being redeveloped.

The adherents of gentrification argue that urban redevelopment is a sign of progress. Dilapidated and neglected quarters disappear, making room for new houses and apartments. When ugly and forgotten parts are revived, wealthier owners and tenants move in, and in their wake an increasing number of new businesses, shops and restaurants arrive. In this way, the neighbourhood acquires a positive flair and becomes an attractive place for people to live in and for tourists to visit – as the example of London's Dockland area proves.

The other side of the coin is that gentrification destroys the traditional social and economic structure of a neighbourhood. With the redeveloped quarter becoming more fashionable, rents go up, and residents are driven out. Ethnic or racial minorities are particularly affected by this development – as was the case in Harlem and London's East End. Sociologists argue that gentrification leads to a "yuppification" of a city's traditional borough. As to the economic change, local traditional shops and businesses disappear, with expensive boutiques and fashionable wine and sushi bars taking their place. In this way, gentrification destroys the singular, naturally developed character of a living quarter.

Urban renewal offers advantages such as the beautification of a city, but also presents challenges. As I see it, it is especially important to avoid a quarter only becoming affordable for the well-off. The city council has to see to it that rents remain reasonably priced and thus a mixture of people from different classes living together in the same place can be retained. Only in this way can a city preserve the traditional character of its residential areas. *(382 words)*

2.2 *Possible structure:*

Introduction: increase in tourism

Main part:

- *Advantages of mass tourism:*
  - *Economic profits (jobs, balance of payments)*
  - *Tourist income makes conservation possible*
- *Disadvantages of mass tourism:*
  - *Threat to nature: loss of land, waste of resources*
  - *Pollution*

Conclusion:

- *Ecotourism: limiting number of visitors*

Warnings about the imminent dangers of climate change are becoming more and more urgent. A recent report by the UN described the impact of global warming as "severe, pervasive and irreversible". Alarms have been raised that toxic emissions from transportation are continually rising. Environmentalists point to the considerable impact which mass tourism has on our climate. In 2012 the number of tourists travelling the world reached one billion and it is constantly increasing. The advantages of mass tourism are quite impressive, because the tourist industry generates income and jobs. In many countries it contributes a significant amount of money to the economy. People find jobs in hotels, restaurants and theme parks. Britain, Italy and France earn billions from tourism, for example, more than they earn from agriculture. Even more importantly, in countries with little or no industry tourism is the main source of foreign exchange.

Because of tourist income countries can invest in the conservation of areas and sights which have become tourist attractions, such as the Galapagos Islands, for example. Without these funds some sights would have been neglected. In this way, the tourism industry helps to conserve and protect the world heritage.

However, mass tourism is also responsible for many problems and questionable developments. In the Arabian Gulf parts of the desert have been transformed into a mammoth shopping centre. Similarly, the artificial boom town of Las Vegas in the Nevada desert uses and wastes enormous amounts of water and energy, thus exacerbating the scarcity of resources. In some African countries hordes of tourists on safari expeditions have become a threat to wildlife. Thus, the environment of popular tourist destinations suffers from too much tourism.

Additionally, transportation by car, boat or plane contributes to the amount of greenhouse gases emitted into the atmosphere. Millions of cars roll through the countryside, choking up motorways and causing pollution and noise every summer and more and more people go on holiday by plane. The carbon footprints of millions of travellers damage the environment.

Tourist managers have realised that solutions must be found to avoid the negative consequences of mass tourism. One possibility is to promote a more caring kind of tourism (ecotourism). Furthermore, travel agencies have begun to inform customers about the environmental consequences of air travel and ask them to pay contributions towards cleaner air programmes in order to offset their carbon footprints. These measures can help to alleviate the pressure of mass tourism on our environment. *(407 words)*

Schriftliche Abiturprüfung Englisch (Baden-Württemberg)
Abiturähnliche Übungsaufgabe 5: *Racial Stereotypes*

Material A

Crash and Racial Stereotypes

The problem with racial stereotypes shown in the movie *Crash* is the characters have false or partially true ideas about certain groups causing discrimination, social barriers, and abuse of power between them. First of all, stereotyping races in this film causes discrimination among the characters that represent the different cultures in our society. Also, in the movie the characters experienced the formation of social barriers. In addition, abuse of power from the authorities is found throughout the film. In other words, racial stereotypes in this movie place its characters in a rut where each race is described only by conventional notions and negative generalization of each individual because of race.

The movie *Crash* exhibits the cruel reality that is happening in our society, especially in crowded cities, such as Los Angeles, where a majority of the minority groups live. It shows the black perspective of living in a multicultural community where the differences between people and their race cause tension, racism, and discrimination among the varied ethnic groups. In addition, the racial stereotypes create a false perception and unfriendly feelings towards an individual for belonging to a certain race. This film projects how the different races are divided by social barriers because the characters prejudge a person's behavior by his nationality making many mistakes in their opinions or judgments. Fortunately, at the end of the movie the characters realized that they are all human beings regardless of their nationality, and that they need each other to survive in this complex society.

The scene of the Mexican locksmith who went to fix a door in a store owned by an Iranian man demonstrated how racial stereotypes cause friction among different ethnic groups. However, the situation got worse when one of the people involved in the discussion tried to take advantage of the other. In this case, the Iranian man didn't want to pay the Mexican for his services, and later he blamed the Mexican for the burglary of his store. The Iranian man, blinded by his fury, tried to get even by killing the one who supposedly robbed his store, but fortunately the gun didn't have bullets. This scene exposes how the differences between people cause tension, misunderstanding, distrust, and hatred between them.

Another scene in the movie *Crash* that shows clearly how racial stereotypes cause abuse of power by the authorities is when the Anglo-cop without justification stopped a Black couple. The Anglo-cop took advantage of his position as a police officer, and humiliated them simply because they were Blacks. Furthermore, the Anglo-cop discriminated against the Black husband & wife because he was unfriendly, abusive, and sarcastic with them. The police officer seemed to be racist because another occasion he embarrassed a Black woman even though she was in charge of Insurance Administration's Hospital where his father was a client. This scene is relevant in the film because it is an example of how maladjusted, isolated, and ignorant individuals release their anger against more vulnerable people that are considered minorities.

In conclusion, the movie *Crash* is only one movie of many that show how racial stereotypes cause conflicts among society. However, this film is especially controversial because it explicitly exhibits the darkest side of people living in this nation. Therefore, this movie causes different opinions because some people think the script is exaggerated and unrealistic. On the other hand, many people identify themselves with the characters because they lived or they are living similar situations as in the movie. Finally, we as members of the society have to be rational and liberated from false prejudices in order to live in harmony in this "democratic nation" where its citizens should be judged by the content of their characters, not by the color of their skin, their accent, their religion, or their appearance. *(635 words)*

HL: Crash and Racial Stereotypes

Material B

Prince Fielder (left), Ryan Howard (centre), two famous baseball players, and President Barack Obama (right) before the start of the Major League Baseball All-Star Game, July 14, 2009

Pete Souza / The White House

Teil I: Comprehension **Content 10 VP**

Which of the following statements are true and which are false? Tick the correct box. Support your answer by quoting from the text. Use the following form: line number(s) + first three words + last three word.

	true	false	
1. The author thinks *Crash* depicts race in a complex and often surprising manner.	☐	☐	1

line(s) ______ : ____

____

	true	false	
2. According to the text, the portrayal of society in *Crash* is realistic.	☐	☐	1

line(s) ______ : ____

____

3. Explain – in your own words – how the characters in the film contribute to the creation of "social barriers" (line 16). 1

____

____

____

____

____

____

4. Explain what has changed for the characters by the end of the film as described in the text. 1

____

____

____

____

____

____

5. Order the events chronologically. Only use the ones mentioned in the text. The first one has been done for you. **3**

   a) The insurance company refuses to pay for the damage caused by the robbery.
   b) The Iranian blames the Mexican for the robbery.
   c) The Persian enquires about the locksmith's name.
   d) The Mexican locksmith repairs a lock.
   e) The Iranian attempts homicide but fails.
   f) The store owner refuses payment.

Order	Quote and line
d	"the Mexican locksmith … in a store" (line 21)

6. Which of the following adjectives does not describe the white policeman's behaviour? **1**

   ☐ altruistic ☐ hostile ☐ offensive
   ☐ racist ☐ rude

   line(s) ______ : ______________________________

   ____

7. The scene at the hospital is important because … **1**

   ☐ it shows how members of minority groups have already gained important positions in society.
   ☐ it exemplifies how some people abuse their position of power when dealing with people that are in an apparently weaker position, e. g. because of their ethnicity.
   ☐ it illustrates that many members of minority groups have not yet assimilated to American society.
   ☐ it exposes discriminatory aspects of the American healthcare system.

   line(s) ______ : ______________________________

   ____

8. The film *Crash* stands out because … **1**

- ☐ of its controversial subject.
- ☐ it is the only movie dealing with racial stereotypes.
- ☐ of its focus on negative aspects of American society.
- ☐ it was universally approved of by the audience.

line(s) ______ : ____

____

Teil II: Analysis **Content 10 VP / Language 15 VP**

1. The American-Cuban politician Ted Cruz, a Republican, was asked in an interview what a politician has to do to appeal to Hispanics. His answer was: "Look, I think Hispanic community – the values that resonate in our community are fundamentally conservative. They are faith, family and patriotism. Do you know the rate of military enlistment among Hispanics is higher than any demographic in this country? And they are also hard work and responsibility."

   Compare the depiction of Hispanics in the quote with the one rendered in the film *Crash* as well as other characters' perceptions of and behaviour towards them.

Teil II: Composition **Content 10 VP / Language 15 VP**

Choose *one* of the following:

2.1 To what extent is racial discrimination over? Refer to the film *Crash* and the picture in Material B.

or

2.2 Imagine you are a representative of one of the American minority groups. You have the chance to speak at an official gathering commemorating Martin Luther King's "I Have a Dream" speech. You give a speech about your dream of a successful multicultural society today. In this speech, outline what measures the US American government should take to make this dream possible.

Lösungsvorschlag

Teil I: Comprehension

1. The author thinks *Crash* depicts race in a complex and often surprising manner. — true ☐ false ☑

   lines 7–9: "racial stereotypes in … because of race."

2. According to the text, the portrayal of society in *Crash* is realistic. — true ☑ false ☐

   line 10: "The movie *Crash* … in our society"

3. They form an opinion of a person solely based on this person's ethnicity. It is this stereotyped thinking that leads to the creation of social barriers, which would not be the case if every person were judged as an individual and not as a member of a certain race.

4. By the end of the film they have all learned that you cannot rely on racial stereotypes, since race is only one aspect of a person's character, and that people are all dependent on each other in today's world.

5.

Order	Line and quote
d	"the Mexican locksmith … in a store" (line 21)
f	"the Iranian man … for his services" (lines 24/25)
b	"later he blamed … of his store" (lines 25/26)
e	"tried to get … didn't have bullets" (lines 26–28)

6. Which of the following adjectives does not describe the white policeman's behaviour?

   ☑ altruistic ☐ hostile ☐ offensive
   ☐ racist ☐ rude

   line 32: "The Anglo-cop took … a police officer."

7. The scene at the hospital is important because …
   - ☐ it shows how members of minority groups have already gained important positions in society.
   - ☑ it exemplifies how some people abuse their position of power when dealing with people that are in an apparently weaker position, e. g. because of their ethnicity.
   - ☐ it illustrates that many members of minority groups have not yet assimilated to American society.
   - ☐ it exposes discriminatory aspects of the American healthcare system.

   lines 37–39: "This scene is … are considered minorities."

8. The film *Crash* stands out because …
   - ☐ of its controversial subject.
   - ☐ it is the only movie dealing with racial stereotypes.
   - ☑ of its focus on negative aspects of American society.
   - ☐ it was universally approved of by the audience.

   lines 41/42: "this film is … in this nation."

Teil II: Analysis

1. *Depiction of Hispanics in the quote:*
   - *Important values for Hispanics: religion, family, patriotism, hard work …*
     → Positive description

   Depiction of Hispanics in Crash:
   - *Mexican locksmith works hard. He is a family man.*
   - *Hispanic housemaid Maria keeps Jean Cabot's house in order.*

   How other characters perceive them:
   - *Locksmith is suspected of being a gang member and thief.*
   - *Jean Cabot and the Iranian shop owner do not trust him.*

   Conclusion:
   - *There is a contrast between the way Hispanics see themselves, how they are depicted in the movie and how others perceive them.*

   In the quote, Hispanics are depicted as prototypical Americans. They believe in God, their families are important to them and they work diligently, so you could say they embody the spirit of the American Dream. Furthermore, they are proud of their country. This is exemplified by the fact that the percentage of Hispanics who have enlisted is higher than among the rest of the American population. All in all, they are shown in a very positive light.

This is also true of the depiction of Hispanics in *Crash*. The Mexican locksmith works hard to support his wife and daughter. He is a caring father who has a close bond with his child. They live the picture-perfect family life in the suburbs. The Hispanic domestic is also portrayed positively. Not only does she do what has to be done in the house, she also takes care of the family members' emotional well-being, for instance she hugs and consoles her employer after she has been the victim of a violent attack.

However, the depiction of these characters stands in stark contrast to the way they are perceived and therefore treated by the other characters of different ethnic origin. The Mexican locksmith is suspected of being a gang member and thief merely because he is Mexican and has tattoos. Neither the Iranian shop owner nor the white home owner trust him. Ironically, the Persian shop owner is robbed just because he did not follow the Mexican's advice. As an act of revenge the Persian threatens the Mexican's family with a gun – behaviour that is stereotypically attributed to Hispanic gang members.

To sum up, the way Hispanics see themselves – both in the film and in the quote – contrasts markedly with the way other characters of different ethnic origin see them. Their perception is ruled by stereotypes and they treat them accordingly.

(307 words)

Teil II: Composition

2.1 *Possible ideas for an introduction:*
- *History of discrimination*
- *Current developments/incidents*

Relevance of the picture for the question:
- *Shows African-American baseball players and Barack Obama: African-Americans are no longer excluded from politics or typical "white" sports like baseball*

How Crash *answers the question:*
- *Racism and discrimination = leading motive*
- *Positive developments:*
  - *Affirmative action programmes help black people find a job*
  - *African-Americans can have successful careers*
- *Problems*
  - *Violence between gangs of different ethnic origins*
  - *Lower socio-economic status of some whites*

Possible ideas for a conclusion:
- *Summary*
- *Prospect of future developments*
- *Hopes for the future*

For centuries, African-Americans have been discriminated against in American society. From the early days of the United States they were used as slaves and more or less treated like cattle. Even after their emancipation from slavery, their struggle was not over. For decades, they had to fight for equal rights and opportunities, culminating in the Civil Rights Movement of the 1960s. Today American law guarantees them equality, but is this reality in everyday life?
The picture suggests that this is the case. You can see Barack Obama, the first black President of the United States, talking to two famous African-American baseball players. African-Americans have not only entered the worlds of sports and politics; they have even conquered two typically "white" domains – baseball and the highest office of state.
Crash also shows that African-Americans have gained greater equality and that government-induced programmes like affirmative action have had a positive impact: the hospital worker would not have got her job had it not been for said programme, for example. The film also features a high-ranking police officer and other successful African-Americans and thus shows that diverse career paths are possible for this minority group today.
Yet, *Crash* also depicts two African-American boys as gang members committing crime. The fact that they do not seem to be part of mainstream society but a subculture suggests that African-Americans are still faced with obstacles that make integration into society difficult. One of these obstacles could be the socio-economic status of many African-Americans – often they are less educated than Whites and therefore have fewer job opportunities. Moreover, they live in ghetto-like parts of big cities, like Los Angeles.
All in all, racial discrimination has legally been overcome, even though African-Americans still face more obstacles in everyday life than the average white American. However, there are many more minority groups to be considered, for instance Hispanics, Muslim Asians and Native Americans, who have to face challenges that are similar or worse than those mentioned above. *(328 words)*

2.2 *Important aspects:*

- *The speech should refer to Martin Luther King's speech "I Have a Dream"; collect everything you remember about the speech and the person Martin Luther King before you start writing.*
- *It should contain stylistic devices.*
- *Keep in mind that you are writing from the perspective of a member of an ethnic minority.*
- *Possible measures the US government could take:*
  - *Free day care (keep children and teenagers off the street, less gang culture)*
  - *More money for schools and education*
  - *Protection of undocumented immigrants*

Dear fellow Americans,

We have gathered today to commemorate one of the greatest Americans who ever lived: Martin Luther King. It was he who put our dreams into the legendary phrase, "I have a Dream". If he were still alive, he would be happy to see kids from different races playing in the same school playground. He would be happy to experience a trip on the New York subway together with other African-Americans, Hispanics, Whites and Asian Muslims. And he would be extremely happy that it is now political reality for a black man to be president of the most powerful nation in the world.

A great deal of this power derives from our diversity and our ability to absorb new and different ideas. Americans of every age and race have embraced the various challenges and opportunities our wild and untamed country has posed for them. The American success story was not written by people who enjoyed what they had achieved. Our forefathers pushed the frontiers of this country and its society in their attempt to make life better.

Now it is our turn to follow in their footsteps. America is one of the most diverse nations of this planet and many members of minorities have made a successful life out of the rights and opportunities granted by the laws of our country. Still, there are too many left behind – an illegal Mexican immigrant working way below the national minimum wage, the African-American single-mom working three jobs to make a decent living and fighting hard to keep her children off the streets, the Hispanic youth joining a gang because he sees no other opportunity. It is these people who need our attention and help.

It would help the single-mom to know that her children can spend their time after school in free day care where they can do their homework and get help if needed. Schools should get more money for language classes – no Hispanic should be left behind because he does not have the chance to learn English properly. The government has to increase public spending on social work in areas where gang violence is rife and threatening to destroy communities. In addition to this preventive approach, programs aiming at reintegrating former gang members into society should be launched. Undocumented immigrants would not have to work under slave-like conditions if they were given legal status. We should always remember that our ancestors were all immigrants who came to this country to pursue their dream of prosperity, liberty and happiness.

I am convinced that these measures would make America a better and fairer nation. But our aim of true equality can only be achieved if every single one of us works towards the goal of ending racial discrimination and stereotyping in our immediate environment.

Thank you. *(466 words)*

Schriftliche Abiturprüfung Englisch (Baden-Württemberg)
Abiturähnliche Übungsaufgabe 6: *Feminism*

Material A

I think we need a men's movement

Anne-Marie Slaughter strides backstage after her latest TED talk, fast-talking and hungry – she hasn't had time for breakfast yet, and it's well past midday. A little over a year ago, Slaughter was a highly respected but relatively anonymous academic. Her life changed last June, when her article for *The Atlantic*, "Why Women Still Can't Have It All", became the most read in the magazine's history. Almost 220,000 people shared it on Facebook.

The speech she has just given, entitled Real Equality, considers what it would take for those twin pillars of human life – caregiving and breadwinning, as she terms them – to be given equal value, and for men and women to reach proper parity, at work and at home. The article and subsequent talk followed her decision to leave her job as the first female director of policy planning at the US state department, after a two-year stint working under Hillary Clinton. She left after concluding that "juggling high-level government work with the needs of two teenage boys was not possible".

She had been commuting from New Jersey to Washington each week, leaving the house at 4.20 am on Monday and arriving back late on Friday, and her 14-year-old son was having problems at school – failing to do homework and disrupting classes. She decided enough was enough.

The article prompted a firestorm. Many read the title as simply saying women could never have it all (ignoring the "still" that Slaughter had insisted upon) and assumed it was yet another piece concluding women should give up and get back to the kitchen. Others recognised it was arguing for social change, but pointed out that work/family balance is also very difficult for men to achieve. Then there were criticisms based on class. Slaughter was writing about the kind of structural change it might take for elite women to become leaders, but the problems she tackled – punishingly long work hours, and inadequate or non-existent childcare provision – affect those on low incomes too.

"I didn't anticipate the whole thing would go so viral," says Slaughter, now 54. "I became a poster child, certainly in the media, for 'women can't have it all', when my whole life stands for the opposite proposition … It never dawned on me that people would read the 'still' as 'never'. I thought people would read it as: 'It's coming – but it's not there yet, and here's what we have to do'" Not long after her piece was published, she announced she'd never use the term "having it all" again, having realised it failed to resonate in the same way with younger women as older ones. She had simply meant "a career and a family too", while some people see it as shorthand for the notion that unless women are perfectly satisfied in every aspect of their lives, feminism can be said to have failed.

On meeting Slaughter, it's quite hard to imagine how anyone could see her as anti-feminist. There can be few people who have thought more energetically about the issues obstructing women's progress, and she has a brilliantly enthusiastic manner. She is currently writing a book, due out next year, also (provisionally) entitled Real Equality.

In the US, issues of work/family balance are especially pressing. It is one of only four countries in the world that doesn't have mandatory paid maternity leave – the others are Lesotho, Swaziland and Papua New Guinea. The US is also the only advanced industrial economy that doesn't guarantee workers paid holiday time. I ask why Americans aren't out marching on these issues, and she replies "it's a cult of work … I honestly think so many Americans are scrambling so fast just to keep up that: a) they're not aware of what they're missing; b) they don't have time to agitate." When Slaughter worked in government, she knew women who had saved up all their vacation and personal days throughout their career so they could take maternity leave. "Then they'd say, 'Well, I saved enough to have one child, but I don't know how I'm going to have a second.'" In her speech, she points out that countries such as Norway and Sweden which "provide universal childcare [and] support for caregivers at home" are also ranked among the world's 15 most competitive economies: "These societies show that breadwinning and care-giving reinforce one another".

The structural problems are corporate as well as governmental. Earlier this year, Sheryl Sandberg, COO of Facebook, advised women to "Lean in" to their careers – to be ambitious, to sit at the top table; the other side, says Slaughter, is that people need to "lean on corporations", to push them to improve their policies. One measure that could help parents is scheduling all meetings in school hours, and she says that the really innovative corporations "are the results-only workforces … This can be done at different levels, but the basic idea is here's your work, here's your deadline, and then I don't care where you get it done. So it gets rid of the culture of face-time."

(848 words)

From: Kira Cochrane, in: The Guardian, 22 July 2013
http://www.theguardian.com/lifeandstyle/2013/jul/22/anne-marie-slaughter-mens-movement

Annotations

line 1: TED: short for: Technology, Entertainment, Design = international video conferences
line 4: *The Atlantic:* an American magazine founded in 1857
line 9: parity: the state or condition of being equal, especially in status or pay
line 27: viral: (information) circulating rapidly
line 28: poster child: *Paradebeispiel, Vorzeigekind*
line 33: to resonate: to have particular meaning or importance for s.o.
line 56: corporate: relating to a large company
line 57: COO: abbrev. for Chief Operating Officer

Material B

Women in the United States Labor Force

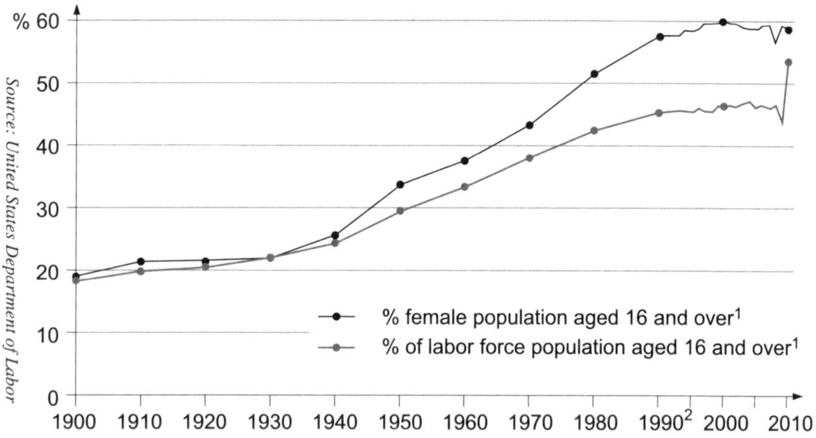

1 For 1900–1930, data relate to population and labor force age 10 and over; for 1940, to population and labor force age 14 and over; beginning 1950, to civilian population and labor force age 16 and over.
2 Data beginning in 1990 are not strictly comparable with data for prior years because population controls were adjusted.
3 Data beginning in 1994 are not strictly comparable with data for prior years because of a major revision to survey methodology.

Source: United States Department of Labor

Anteil der berufstätigen Frauen (20–64 Jahre) in der EU (2012, in %)

Quelle: Eurostatr

Teil I: Comprehension — Content 10 VP

1. Read Material A and answer the following questions.
   Give short answers and give proof by quoting the relevant passage from the text. Write down the line(s) plus the first three words and the last three words of the quote(s) to support the solution you have chosen.

   a) Why was Slaughter not able to look after her children properly? **1**

   ___

   ___

   ___

   ___

   b) How did many people misread the title of her article in her view? **1**

   ___

   ___

   ___

   ___

   c) Why did she give up using the expression "having it all" (cf. line 5)? **1**

   ___

   ___

   ___

   ___

   ___

   d) Why is the situation especially difficult for pregnant American working mothers? **1**

   ___

   ___

   ___

   ___

   ___

e) Why do Americans not protest against difficult working conditions according to Slaughter? 1

____

____

____

____

____

____

f) What measure mentioned in the text should corporations take to improve the situation for families? 1

____

____

____

____

____

____

2. Read Material A. Based on the information given in the text tick the one correct statement and support your decision with evidence from the text. Write down the line(s) plus the first three words and the last three words of the quote(s) to support the solution you have chosen.

a) ☐ Slaughter calls for men to accept more responsibility at home. 1
☐ Slaughter wants the jobs of raising children and earning money to be given equal importance.
☐ Slaughter complains that women will never achieve equality.
☐ In Slaughter's view one parent should stay at home to be able to look after the family properly.

line(s) ______ : ____

____

____

b) ☐ Slaughter believes that the feminist movement has failed. **1**

☐ In her opinion, female equality has been achieved in many areas, but more remains to be done.

☐ According to her, men face similar problems as women.

☐ The responsibility of solving the dilemma of working mothers lies with the state.

line(s) ______: ____

____

____

c) ☐ Younger women oppose Slaughter's views. **1**

☐ The problem Slaughter writes about concerns only women who hold top positions.

☐ Slaughter has been more concerned about working women's problems than many of her critics.

☐ Slaughter betrayed the feminist movement.

line(s) ______: ____

____

____

d) ☐ It is especially difficult for women who work in government to have children. **1**

☐ Sweden is economically more competitive than the US

☐ Working mothers are good for a country's economy.

☐ More and more women decide to have only one child because they want to have a career.

line(s) ______: ____

____

____

Teil II: Analysis — Content 10 VP / Language 15 VP

1. Analyse the messages of the graphs in Material B and relate them to Material A.

Teil II: Composition — Content 10 VP / Language 15 VP

Choose *one* of the following.

2.1 The book club *The Sophisticated Housewives* is interviewing Jeannette Walls on her grandmother's family life as a child and in her own family. Write the interview.

or

2.2 Assess the pros and cons of teleworking as a means of getting "rid of the culture of face-time" (cf. line 63).

Lösungsvorschlag

Teil I: Comprehension

1. *It can be more difficult to write a short answer than to write a long one because you have to be very precise. Mark the relevant passages in the text first and then summarise the relevant information in a few words.*

   a) **She was away from home all week**: "leaving the house … late on Friday" (lines 14/15) or "long work hours … non-existent childcare provision" (line 25).

   b) **They thought Slaughter was advising women to stay at home**: they "assumed it was … back to the kitchen" (lines 19–21).

   c) **It didn't appeal/mean the same to younger women**: "it failed to … to have failed." (lines 33–36)

   d) **American women do not get paid while they are away from work before and after the birth of their children/no paid maternity leave**: the US "is one of … paid maternity leave" (lines 42/43).

   e) **They don't know better (because work is very important in America) and/or are too busy/have no time to protest**: "it's a cult … time to agitate." (lines 46–48)

   f) **No meetings outside school hours, leave it to workers to work in the office or from home**: "scheduling all meetings in school hours" (line 60) and "results-only workforces … This … get it done" (lines 61–63) or "gets rid of … culture of face-time" (line 63)

2. *Read the statements carefully and decide which ones you can rule out. Some statements will contain information that could be true although the information is NOT in the text: e. g. in a) it is quite easy to find out that Slaughter does <u>not</u> "complain that women will never achieve equality", but she may believe that men should "accept more responsibility at home". After you have decided which statement cannot be correct, scan the text for passages which prove which of the other statements must be correct.*

   a) ☐ Slaughter calls for men to accept more responsibility at home.
   ☑ Slaughter wants the jobs of raising children and earning money to be given equal importance.
   ☐ Slaughter complains that women will never achieve equality.
   ☐ In Slaughter's view one parent should stay at home to be able to look after the family properly.

   lines 8/9: "caregiving and breadwinning, … given equal value"

b) ☐ Slaughter believes that the feminist movement has failed.
☑ In her opinion, female equality has been achieved in many areas, but more remains to be done.
☐ According to her, men face similar problems as women.
☐ The responsibility of solving the dilemma of working mothers lies with the state.

lines 30/31: "It's coming … have to do."

c) ☐ Younger women oppose Slaughter's views.
☐ The problem Slaughter writes about concerns only women who hold top positions.
☑ Slaughter has been more concerned about working women's problems than many of her critics.
☐ Slaughter betrayed the feminist movement.

lines 38/39: "There can be … obstructing women's progress"

d) ☐ It is especially difficult for women who work in government to have children.
☐ Sweden is economically more competitive than the US
☑ Working mothers are good for a country's economy.
☐ More and more women decide to have only one child because they want to have a career.

line 55: "These societies show … reinforce one another."

Teil II: Analysis

1. *Key points:*
   Graph 1:
   - *Line graph based on American data from 1900 to 2010*
   - *Steady increase after WW II*
   - *Today 55 per cent of the US labour force*

   Graph 2:
   - *Bar graph illustrates the percentage of working women in the EU in 2012*
   - *In Scandinavian countries particularly high percentage of working women*
   - *In Malta and Greece less than 50 per cent working*

   Comparison of the graphs:
   - *In Europe and in the US number of working women at about the same level*
   - *European welfare states help women to combine family and work*

Comparison to the text:
- *In Europe working women get more support than in the US*
- *In spite of difficulties US women make up more than 50 per cent of the workforce.*

Conclusion:
- *Women today play a more active role on the US and European labour markets.*
- *US women have great difficulty in combining work and family.*

The graphs illustrate the percentage of working women in the USA and in the EU. The first diagram, a line graph, is based on American data from 1900 to 2010. Whereas in the first half of the 20th century the number of working women remained on a similar level of around 20 to 25 per cent, a steady increase set in after WW II. Since then more and more women have entered the labour market and, as a result, women account for about 55 per cent of the US labour force today.
The second diagram, a bar graph, illustrates the percentage of working women in the EU in 2012. We can see that in Scandinavian countries the number of women in the labour force is particularly high. Sweden is at the top of the list, with more than three-quarters of its female population between 20 and 64 years of age in employment. In Malta and Greece female employment is lowest (less than 50 per cent are working).
Comparing the statistics for Europe and the USA one can see that in most European countries the number of working women is at least as high as in the US. Only in a few countries, like Spain or Greece, is the rate lower.
The EU statistics seem to suggest that in countries where the welfare state offers most help women are in a position to combine family and work reasonably well. It is surprising that although social legislation in the US does not support female employment – as the main text shows – women make up more than 50 % of the workforce. What the graphs do not reveal is the motivation of women to go to work. Presumably, some do not have a choice and have to work because they are single parents and need to earn the money to look after their families.
In any case, the statistics show that women today play a more active role on the US and European labour markets than in the past, although, as the author describes, women in the USA, particularly working mothers, still have great difficulty in combining work and family. EU countries offer more support to women who wish to or have to work. *(370 words)*

Teil II: Composition

2.1 *Important aspects:*
Lily's family life as a child:
- *Mother:*
  - *Unsuited to hard work*
  - *Encourages daughters to be very feminine (Helene should become an actress because of her beauty)*
  - *Religious*
- *Father:*
  - *Dreamer: not a good businessman*
  - *Needs Lily's help*
- *Siblings:*
  - *Envies brother being able to go to school*
  - *Sister is rather naive and gets exploited (suicide)*
  - *Still, Lily manages to get a good education and become a teacher (good leader and business woman)*

Lily's experiences in her own family:
- *Husband(s):*
  - *First husband = trickster*
  - *Second husband = reliable*
- *Children:*
  - *Son = no problem*
  - *Daughter = just as headstrong as Lily herself*
  - *Despite occasional fights, Lily and Rosemary manage to get along; Lily learns that Rosemary makes her own decisions.*

Sophisticated Housewives = SH
Jeannette Walls = JW

SH: Mrs Walls, would you say that your grandmother Lily Casey Smith had a happy childhood?

JW: I wouldn't really call it happy, but a rather eventful childhood it definitely was! Once she saved her own life and that of her sister Helen and her brother Buster. The kids couldn't return home because of a torrential flood and being cut off they had to spend the night clinging to the branches of a tree.

SH: What a terrible experience. How did her parents react when the kids came back safe and sound?

JW: Lily's mother, who was rather unsuited to the hard life in the West, thanked God, which quite annoyed Lily because she thought it was not God's making, but her own.

SH: And what about her father? What was he like?

JW: Adam Casey was a dreamer. He had some strange ideas about how he could make money, such as breeding peacocks or training dogs. None of his plans really worked.

SH: How did Lily get on with her siblings?

JW: She envied Buster because although he was younger, he was allowed to go to school, whereas Lily had to stay on the farm because her father couldn't cope without her help.

SH: Rather unfair, wasn't it?

JW: Yes, indeed, but those were the days well before women's lib. Lily eventually managed to get an education and become a teacher.

SH: What about her sister Helen?

JW: That was a sad experience for Lily. Helen was the "beauty queen" in the family and, supported by her mother, had illusions about becoming a film star. Everything Helen tried in Hollywood failed – she was used, exploited and finally got rid of. Lily was unable to comfort Helen and she was utterly depressed when Helen took her life.

SH: How awful, indeed. Can we ask you what Lily was like as a wife and mother. She had two children, didn't she?

JW: That's right. Jim and Rosemary. However, Lily's first experiences of love were quite negative. She fell for a trickster, married him, and eventually found out that he was a bigamist. After that, it took a long time before she was ready for a new relationship. Jim Smith won her over because Lily felt that she could trust him.

SH: He was the father of her children?

JW: Yes. Junior was no trouble, but Rosemary gave Lily hell at times – I suppose because the two of them were very much alike. The worst clash happened during an outing to the Havasupai reservation. Lily felt so let down by her daughter that she lost control and hit her. In the end Lily was just as furious with herself as with Rosemary.

SH: Did that incident change their relationship?

JW: I think it did. Lily had always been used to taking charge, telling others what to do. And now she met with resistance from her own defiant daughter. That must have been a shock to her in some way and explains her overreaction.

SH: Did mother and daughter make up again after that?

JW: They did. But Lily was forced to realise that Rosemary had her own ideas about what she wanted to do with her life. However, she did arrange and pay for Rosemary's wedding reception – at a good price, of course, because Lily was a smart businesswoman.

SH: Mrs Walls, thank you for the interview.

JW: My pleasure. *(576 words)*

2.2 *Possible structure:*
Introduction:
- *Difficulty for women to combine career and family*
- *Companies have to offer family-friendly policies to keep good female staff, such as teleworking*

Main part:
- *Advantages of teleworking:*
  - *Businesses: lower costs, can hire staff living away from office*
  - *Teleworkers: free to decide when and where to work (young mothers), no commuting, return to full-time later*
- *Disadvantages of teleworking:*
  - *Businesses: contact between staff reduced, company loyalty may be weakened*
  - *Teleworkers: discipline essential, private life can suffer, costs of home office, self-employed*

Conclusion:
- *Necessary to weigh the pros and cons*
- *Mixture of working in the office and from home*

In the past, women often stopped working when they had children. Today many women wish to start a family, but do not want to give up their jobs. In view of the difficulty for women of combining career and family, companies have thought of family-friendly policies. One of these measures was the introduction of teleworking, i. e. working from home.

At first glance, teleworking seems to offer advantages for businesses and staff alike. Firms can employ qualified workers who do not live near the company's offices. Using the advantages of modern communication technology, managers can distribute tasks or projects to teleworkers all over the world. At the same time they are able to reduce office space, which, in turn, lowers costs.

Workers also profit from teleworking. They are free to decide when and where exactly they want to work. Young mothers in particular take advantage of this opportunity because they are now able to arrange their working day at home. Thus, they can work while the baby is asleep, for instance in the evening. By working from home women keep in close contact with their employers and can return to the workforce.

However, there are also arguments against teleworking.

Personnel managers claim that the lack of interaction with colleagues weakens company loyalty. Being away from the office and missing the daily events, routines and chit-chat, staff feel less connected with their employers. Additionally, teleworkers cannot easily discuss the problems their work involves or exchange ideas with their co-workers. This is one reason why the top manager of Yahoo! decided to end the company's work-at-home policy.

There are also disadvantages for people who work from home. Working efficiently can be more difficult when there is no control. Home workers need to be disciplined and well organised. As a result, private life can suffer, when time to spend with the family is reduced because the work has to be done.

There is also a financial aspect. Some employees are forced to pay for the office equipment themselves and buy their own computers, for example. Many firms contract teleworkers as freelancers, which means they have to bear the risk of not getting a regular income, and have to pay for their own social security benefits. This entails a high personal risk.

In conclusion, businesses and workers have to weigh the pros and cons of teleworking carefully. It would seem to be a good idea for firms to allow their staff to spend some time during normal business hours at the office and some hours working from home. *(424 words)*

Schriftliche Abiturprüfung Englisch (Baden-Württemberg)
Abiturähnliche Übungsaufgabe 7: *Environment*

Material A

What's the truth about *fracking*?

"It was just like something from NASA," says Doreen Stopforth pointing from the front window of her bungalow to the flat expanse of cabbages and the River Ribble beyond. One day last year, an enormous drilling rig materialised in the fields. It was not the visual blot on their landscape that bothered Stopforth and other residents in rural Lancashire: it was what was going on underground. Hesketh Bank was being prepared for fracking – mining shale gas by injecting water, sand and chemicals into rocks far below ground.

Hydraulic fracturing, or fracking, is the new *bête noire* of conservationists, who condemn it as a dirty and desperate attempt to grab the last fossil fuels from inaccessible rocks in unsuitable locations. In the US, where fracking began and has prospered, it was revealed this month that Matt Damon will star in an anti-fracking film, following on from the Oscar-nominated documentary *Gasland*, which exposed widespread pollution in fracking hotspots such as Pennsylvania. But North American horror stories of fracking polluting the aquifers that hold drinking water were dramatically trumped in the UK last spring when one of the first shale gas fracking operations on British soil was halted after it triggered two earthquakes [...], measuring 2.3 and 1.5 on the Richter scale.

Despite calls for a moratorium on fracking and growing opposition [...], Britain will soon be open for fracking once again. The first official scientific inquiry into the practice in Britain this week recommended that fracking can continue if new safety measures are enforced, including a "traffic light" system in which fracking is halted if it triggers tremors of 0.5 or above. Fracking is likely to become a key part of a second "dash for gas" as the country searches for cheaper energy and a secure replacement for dwindling North Sea supplies.

Supporters claim fracking will herald an age of cheaper gas – in the US, shale gas accounts for a quarter of the country's gas industry and fracking has helped cut gas prices by 25 % in the four years to 2012 [...] – and liken it to keyhole surgery, its operations virtually invisible above ground, unlike destructive mining and intrusive wind power. [...]

Lord Browne, the former chief executive of BP, believes Lancashire could become the fracking capital of Europe, with the industry creating 50,000 jobs. [...] Fracking's champions claim that shale gas could meet Britain's gas needs for nearly a century. [...] The British Geological Survey (BGS) estimates that just 5.3tn cubic feet of shale gas is recoverable, barely enough to meet current UK demand for two years. This is a vast disparity. Who is correct? Nigel Smith, petroleum geologist at the BGS, says [...] that much will not be recoverable because it will never be acceptable to frack in densely populated areas. [...]

Despite the polarised debate, it is unarguable that the scientific understanding of the risks of fracking in the UK is incomplete. A review of the science by Texas University said groundwater contamination was not unique to fracking and also occurred in conventional oil and gas operations due to flawed well construction. The Texan researchers ruled that "surface spills" of fracking fluids posted a greater risk to groundwater than fracking itself. In short, the report implies that fracking is no more hazardous than conventional oil and gas operations. […]

Given the scientific evidence, are the Stopforths reassured? "No, I'm not reassured," says Doreen. "We've already had an earthquake in Blackpool, just over the water. You tell me when they have an earthquake, what are we opening up? The fracking, how do they know what they will disturb? What about my little grandson? What about future generations? To leave behind a mess like this for the next generation just to go for the last little bit of fossil fuel energy is just wrong." *(639 words)*

From: Patrick Barkham, The Guardian, 17 April 2012
http://www.guardian.co.uk/environment/2012/apr/17/whats-the-truth-about-fracking

Annotations

line 3: drilling rig: a large structure that is used for getting oil or gas from the ground or sea
line 4: blot on the landscape: *Schandfleck in der Landschaft*
line 5: Lancashire: a county in north-west England
line 5: Hesketh Bank: small agricultural village in Lancashire
line 6: shale gas: *Schiefergas*
line 8: *bête noire* (from French): enemy
line 14: aquifer: an underground bed or layer of rock or sand which holds and produces ground water for wells and springs; *Grundwasserleiter*
line 22: tremor: a small earthquake which causes the ground to shake slightly
line 23: a dash for sth.: *(hier) furioser Wechsel zu etw.*
line 25: to herald: *etw. ankündigen*
line 28: intrusive: affecting someone's life or interrupting their life in a way that is unwanted and annoying
line 41: flawed: having mistakes in it; damaged
line 42: to post: to represent

Material B

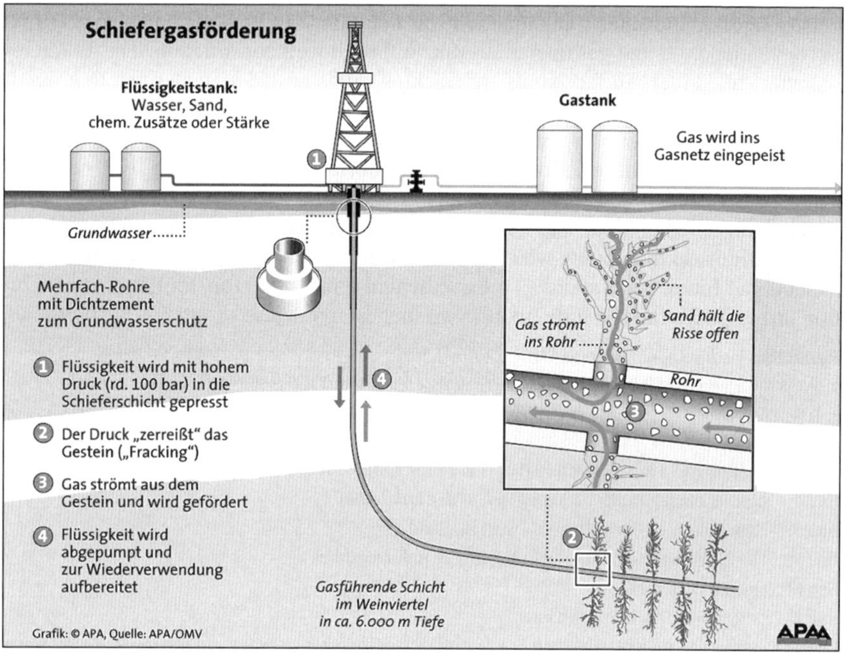

Amerika gibt Gas

Neue Fördermethoden verändern die Weltpolitik: Die Vereinigten Staaten produzieren Energie im Übermaß, russische Konzerne und arabische Scheichs verlieren plötzlich an Einfluss. Und Deutschland? Sorgt sich um die Umwelt.

Williston in North Dakota ist eine öde Kleinstadt in der Weite der amerikanischen Prärie. Im Sommer ist es hier staubig, im Winter eiskalt. Für Unterhaltung sorgt allenfalls die Elchjagd. Trotzdem hat sich die Zahl der Bewohner von Williston binnen kurzer Zeit mehr als verdoppelt. […]

Der Grund: Im Gestein tief unter der Stadt sind Geologen auf eine Schicht aus gas- und ölgesättigtem Schiefer gestoßen. Das sogenannte Bakken-Massiv erstreckt sich über Tausende Quadratkilometer; es ist zum Synonym für ein amerikanisches Wirtschaftswunder geworden, wie es das Land zuletzt beim Ölrausch vor fast hundert Jahren erlebt hat.

In North Dakota herrscht neuerdings praktisch Vollbeschäftigung. […] Einen „Glücksfall" nennt Präsident Barack Obama die Entdeckung des Bakken-Massivs und vergleichbarer Gesteinsschichten in Texas, Colorado, Pennsylvania, Louisiana und Utah: „Wir haben Energie für mehrere hundert Jahre unter unseren Füßen."

Noch vor kurzem sah die Zukunft der amerikanischen Energieversorgung düster aus. Die eigenen Ressourcen gingen zur Neige, die USA waren auf arabische Ölscheichs und verhaltensauffällige Diktatoren angewiesen. Die steigenden Energiekosten drückten auf die Lebensnerven der Industrie.

Doch seit die amerikanischen Bohrexperten ein Verfahren nutzen, mit dem sich Öl- und Gasmoleküle aus dichtem Schiefergestein herauspressen lassen, das sogenannte „Fracking", hat sich die Lage fundamental geändert. Die Internationale Energieagentur (IEA) schätzt, dass die USA bereits in zwei Jahren Russland als größten Erdgasförderer ablösen werden. Beim Erdöl könnten sich die Amerikaner im Jahr 2017 an die Weltspitze setzen. […]

Der Chemiekonzern BASF hat in den vergangenen zwei Jahren bereits viel Geld nach Amerika getragen und etwa in Louisiana neue Anlagen für die Produktion von Methylaminen und Ameisensäure gebaut. „Der lokale Gaspreis ist ein Kriterium bei der Frage, wo wir in neue Produktionsanlagen investieren", sagt BASF-Vorstandsmitglied Harald Schwager: „Die USA sind gegenüber Europa hier derzeit klar im Vorteil."

Die politische Debatte hierzulande wird bislang von der Sorge vor möglichen Umweltschäden beherrscht. Fracking ist zur Schreckensvokabel für Bürgerinitiativen und Ökoverbände geworden.

Die Vorstellung, dass mit Chemikalien versetztes Wasser mit Hochdruck in die Erde gepumpt wird, um Gesteinsschichten in mehreren tausend Metern Tiefe aufzuknacken, löst bei vielen Bürgern Unbehagen aus, auch wenn die Technik im Prinzip schon seit Jahrzehnten bei der konventionellen Gasförderung auch in Niedersachsen angewendet wird.

Gleichzeitig wäre gerade die deutsche Energie- und Klimapolitik ein Grund, die neuen Gasvorkommen zu nutzen. Flexible Gaskraftwerke wären am besten geeignet, die unberechenbaren Schwankungen beim Wind- und Solarstrom auszugleichen und so die sichere Stromversorgung aufrechtzuerhalten. Beim Verfeuern von Erdgas fällt außerdem bis zu 60 Prozent weniger klimaschädliches CO_2 an als beim Verbrennen von Kohle.

Den Amerikanern ist es mit Hilfe des Gases gelungen, ihren CO_2-Ausstoß bei der Energieerzeugung auf den niedrigsten Stand seit Jahren zu drücken. Auch deshalb planen die USA, bis 2020 jedes sechste Kohlekraftwerk durch Gaskraftwerke zu ersetzen. […]

Deutsche Zurückhaltung

Die Bundesanstalt für Geowissenschaften und Rohstoffe in Hannover kam in einer Studie im vergangenen Jahr zu dem Ergebnis, dass selbst im hiesigen Boden ein Schatz schlummert. Es geht um 700 bis 2 300 Milliarden Kubikmeter förderbares Schiefergas, dass 200-fache der derzeitigen deutschen Erdgasproduktion. […]

„Die Risiken von Fracking-Maßnahmen im geologischen Untergrund stellen sich im Vergleich zu möglichen Unfällen bei obertägigen Aktivitäten als gering dar", heißt es in der Studie, im Klartext: Die Gefahr, dass im Straßenverkehr ein Öllaster umkippt, ist viel größer als das Risiko einer Grundwasserverschmutzung beim Fracking. Nur aus erdbebengefährdeten Regionen sollte man sich besser fernhalten. […]

„Es ist ein typisches deutsches Verhalten, bei jeder neuen Technologie zunächst nur die Risiken zu sehen, statt auch an die Chancen zu denken“, sagt BASF-Vorstand Harald Schwager. *(604 Wörter)*

From: Alexander Neubacher, Ralf Neukirch, Matthias Schepp, Thomas Schulz, Der Spiegel, Nr. 5/2013, pp 64–68.

Teil I: Comprehension

Content 10 VP

After reading Material A, read the sentences below. Decide how the sentences must go on. Choose the best answer. Only one solution is possible. Tick off the correct box.
Support your answer by quoting the line(s) with the necessary information from the text. Write down the line(s) plus the first three words and the last three words of the quote(s) to support the solution you have chosen.

1. Last year, Doreen Stopforth was shocked by something which happened suddenly near her house: **1**
   - ☐ a spacecraft landed in the field.
   - ☐ a large amount of mining equipment appeared in the fields.
   - ☐ the fields were destroyed.
   - ☐ a chemical factory was being built in the fields.

   line(s) ______ : ____

   ____

2. Fracking is unpopular with environmentalists because … **1**
   - ☐ fossil fuels are very dirty.
   - ☐ the oil pollutes the areas in which it is retrieved.
   - ☐ it destroys the landscape in areas where non-renewable energy sources are difficult to get to.
   - ☐ it is an immoral way to try to get the remaining fossil fuels out of the ground.

   line(s) ______ : ____

   ____

3. Sometimes, the earthquakes in Britain can be … **1**

- [ ] much less shocking than the events in America.
- [ ] a little more shocking than the events in America.
- [ ] as shocking as the events in America.
- [ ] much more shocking than the events in America.

line(s) ______ : ____

____

4. At the time the article was written, fracking in Britain … **1**

- [ ] had been stopped indefinitely.
- [ ] was definitely scheduled to go back into operation.
- [ ] would only go back into operation if safety standards were followed.
- [ ] could not restart because there were still tremors in some areas.

line(s) ______ : ____

____

5. Because of fracking, gas prices in America … **1**

- [ ] were 25 % lower in 2008 than in 2012.
- [ ] fell by 25 % every year between 2008 and 2012.
- [ ] in 2012 were 25 % lower than in 2008.
- [ ] remained stable between 2008 and 2012.

line(s) ______ : ____

____

6. Fracking … **1**

- [ ] and mining both destroy the landscape.
- [ ] and wind power both destroy the landscape.
- [ ] destroys the landscape just like other means of energy production.
- [ ] hardly destroys the landscape at all.

line(s) ______ : ____

____

7. According to the text, fracking guarantees Britain … 1

- [ ] nothing.
- [ ] many jobs in Lancashire.
- [ ] gas supplies for up to 100 years.
- [ ] gas supplies for up to two years.

line(s) ______: ____

____

8. The dangers of fracking in Britain … 1

- [ ] remain unclear.
- [ ] have been kept a secret.
- [ ] have been fully documented.
- [ ] will be published in Texas soon.

line(s) ______: ____

____

9. According to the Texan researchers, fracking is … 1

- [ ] more dangerous than drilling for oil and gas in the normal way.
- [ ] less dangerous than drilling for oil and gas in the normal way.
- [ ] as dangerous as drilling for oil and gas in the normal way.
- [ ] only a danger above ground.

line(s) ______: ____

____

10. Doreen Stopworth is … 1

- [ ] worried about her own future.
- [ ] worried her home will be destroyed by another earthquake nearby.
- [ ] convinced the scientific reports are biased.
- [ ] critical of the greedy energy policy.

line(s) ______: ____

____

Teil II: Analysis

Content 10 VP / Language 15 VP

1. In Blackpool there is a protest against fracking. The supporters of fracking plan to convince their opponents of the advantages of the new technique.

   Imagine you are one of the young Europeans who are invited to give a speech in favour of fracking. You want to inform the audience about the role of fracking in Germany and America.
   Use Material B to write this speech.

Teil II: Composition

Content 10 VP / Language 15 VP

Choose *one* of the following.

2.1 "God deals us all different hands. How we play 'em is up to us."
Outline some of the environmental challenges that Lily has to face (in Jeannette Wall's *Half Broke Horses*) and comment on how well she plays her cards.

or

2.2 "The benefits of globalization are plain to see."
Kofi Annan, former Secretary General of the United Nations, 2000 as part of his 21st century action plan to make globalisation work for people.

Comment on this quotation, also referring to the message of the cartoon on the right.

"Sorry about this but we've outsourced production to Bangalore."

Clive Goddard / cartoonstock.com

Annotation

P45: an official document you get when you leave a job in the UK.

Lösungsvorschlag

Teil I: Comprehension

Multiple choice exercises are often more difficult than they appear to be at first sight. A slight difference in the meaning of a word can decide if an answer is correct or false. Take Task 7: The former chief executive of BP "believes" (line 30) that fracking will create new jobs and some supporters say it "could meet Britain's gas needs for nearly a century" (lines 32/33). Nigel Smith is the only one who is sure that "it will never be acceptable to frack in densely populated areas" (lines 36/37), so there are no guarantees that Britain will profit from fracking.

1. Last year, Doreen Stopforth was shocked by something which happened suddenly near her house:
   - ☐ a spacecraft landed in the field.
   - ☑ a large amount of mining equipment appeared in the fields.
   - ☐ the fields were destroyed.
   - ☐ a chemical factory was being built in the fields.

   line 3: "One day last … in the fields."

2. Fracking is unpopular with environmentalists because …
   - ☐ fossil fuels are very dirty.
   - ☐ the oil pollutes the areas in which it is retrieved.
   - ☐ it destroys the landscape in areas where non-renewable energy sources are difficult to get to.
   - ☑ it is an immoral way to try to get the remaining fossil fuels out of the ground.

   lines 8–10: "Hydraulic fracturing, or … in unsuitable locations"

3. Sometimes, the earthquakes in Britain can be …
   - ☐ much less shocking than the events in America.
   - ☐ a little more shocking than the events in America.
   - ☐ as shocking as the events in America.
   - ☑ much more shocking than the events in America.

   lines 13–15: "North American horror … UK last spring"

4. At the time the article was written, fracking in Britain …
   - [ ] had been stopped indefinitely.
   - [x] was definitely scheduled to go back into operation.
   - [ ] would only go back into operation if safety standards were followed.
   - [ ] could not restart because there were still tremors in some areas.

   lines 18/19: "Britain will soon … fracking once again"

5. Because of fracking, gas prices in America …
   - [ ] were 25 % lower in 2008 than in 2012.
   - [ ] fell by 25 % every year between 2008 and 2012.
   - [x] in 2012 were 25 % lower than in 2008.
   - [ ] remained stable between 2008 and 2012.

   lines 26/27: "fracking has helped … years to 2012"

6. Fracking …
   - [ ] and mining both destroy the landscape.
   - [ ] and wind power both destroy the landscape.
   - [ ] destroys the landscape just like other means of energy production.
   - [x] hardly destroys the landscape at all.

   lines 27/28: "its operations virtually invisible above ground"

7. According to the text, fracking guarantees Britain …
   - [x] nothing.
   - [ ] many jobs in Lancashire.
   - [ ] gas supplies for up to 100 years.
   - [ ] gas supplies for up to two years.

   lines 35–37: "Nigel Smith, petroleum … densely populated areas."

8. The dangers of fracking in Britain …
   - [x] remain unclear.
   - [ ] have been kept a secret.
   - [ ] have been fully documented.
   - [ ] will be published in Texas soon.

   lines 38/39: "the scientific understanding … UK is incomplete"

9. According to the Texan researchers, fracking is …
   - ☐ more dangerous than drilling for oil and gas in the normal way.
   - ☐ less dangerous than drilling for oil and gas in the normal way.
   - ☑ as dangerous as drilling for oil and gas in the normal way.
   - ☐ only a danger above ground.

   lines 43/44: "fracking is no … and gas operations"

10. Doreen Stopworth is …
    - ☐ worried about her own future.
    - ☐ worried her home will be destroyed by another earthquake nearby.
    - ☐ convinced the scientific reports are biased.
    - ☑ critical of the greedy energy policy.

    lines 49/50: "To leave behind … is just wrong"

Teil II: Analysis

1. *When you prepare a speech you always have to keep your audience clearly in mind. In this speech you will speak to people who are afraid of the consequences of fracking and who want "green energy" instead. Try to convince them that fracking will not harm the environment and that it is a rather clean way to produce energy in comparison to other energy sources such as oil and nuclear power. The majority of the protesters are probably rather young. Many of them might be your age. What else might they be concerned about? Due to the economic crisis, many young British people are unemployed. For them the fact that fracking offers new jobs may be an important argument. You want the audience to listen to your speech, so structure your speech well and use rhetorical devices!*

I'd like to talk about what you don't know about fracking. According to an article I was reading recently, 60 % less CO_2 is produced when you burn natural gas than coal, so can you explain why everybody is so opposed to fracking?
I know British people are concerned because the technology is new so I'm going to focus on two countries with experience of fracking – America, and my home country, Germany – and address three main topics: the economy, the environment and safety.
How many people here are unemployed? The situation in a little place in North Dakota wasn't that different until recently, when geologists discovered shale beneath the city. Today almost everyone has a job. But that's not all: America's economy is improving owing to this new source of energy. In just two years' time – two years – America could become the world's biggest producer of natural gas and, by 2017, the prime petroleum producer! Consequently, I believe fracking could turn the American Nightmare back into a Dream.

As you know, Germans are careful people – Angela Merkel is the best example of that – and German businesses rarely throw their money around. That BASF has already invested lots of money in fracking in America proves that fracking must be good, doesn't it? What fracking has done for America, it can also do for the UK.
Now to turn to my second point: the environment. As I have already mentioned, burning natural gas is relatively environmentally friendly. In Germany, we've already invested heavily in wind and solar power but both are slightly unpredictable. And furthermore, we are trying to move away from nuclear power. Why not fracking? There are billions of cubic metres of shale gas just waiting to be extracted from German soil. So my question to you is: couldn't Britain do the same?
My last point concerns safety. In Lower Saxony they've been using this technology for decades to extract conventional gas. According to a study carried out by an institute in Hannover, fracking is comparatively safe, except in areas where earthquakes happen. Imagine: more damage to groundwater would be done by an oil truck losing its load than any fracking could do underground.
To sum up, economically and environmentally, fracking offers solutions to today's problems and despite the dangers, many areas where shale exists can be mined safely. I say: think British, think big! *(395 words)*

Teil II: Composition

2.1 *Key points:*
Possible starting points for the introduction:
- *Importance of the environment for farm life*
- *Short explanation of what is meant by the quote. Put the quote in context as well, i. e. who is speaking, to whom and about what.*
- *Increasing number of environmental disasters today*

Environmental challenges in the book you could talk about:
- *Flash floods (Chapter I: The family members deal with the disaster differently. Lily realises that she can handle difficult situations herself while her mother turns to God. When their dugout is destroyed by another flood, Lily's father is very practical: while their neighbour flees, he uses the wood from their neighbour's house to build a new home for his family.)*
- *Tornado (Chapter I: After the tornado, Lily and her family move to the Casey Ranch. When they lose their farm, they start a new life in a new place.)*
- *Drought (Chapter V: While other people are severely hit by the drought, Jim and Lily have planned ahead. They have built a dam and not only have enough water for their own ranch, but are also able to help other farmers during the drought.)*
- *The rains (Chapter V: Lily and Jim manage to prevent the dam from breaking when the rains arrive.)*
- *Extraordinarily cold winter (Chapter VIII: The film director who buys the AIC Ranch has no idea about farming and almost loses the entire herd of cattle in*

an unusually cold winter; in contrast, Jim helps several farmers as "the Parachute cowboy".)

Conclusion: see introduction

***Note about tenses**: when writing about a novel, use the present tense in nearly all cases.*

Freedom and breathtaking scenery are attractive aspects of ranch life but let us not romanticise them excessively. One other factor, the environment, plays a massive role, especially back when our novel is set. This personal account of life in rural (mostly south-western) America at the turn of the twentieth century is peppered with tales about the fortunes and hardships of one family and the people they come into contact with.

The viewpoint expressed in the quote, "God deals us all different hands. How we play 'em is up to us", is passed on to Lily by her father when she is very young. This motto shows him to be very practical; moreover, it is very helpful when dealing with situations over which we have no control, such as the weather. Whichever elements Adam is tested with, he finds a way to deal with them, such as a flash flood that destroys their dugout and forces a neighbour to give up and move back to where he came from. Adam, by contrast, sees it as an opportunity to use the wood from this neighbour's home to build himself a new house. He may curse the results of a disaster but he is thankful for surviving and ultimately turns it to his advantage.

Lily's mother, on the other hand, cannot deal with ranch life. When disaster strikes, she prays fervently, not seeing that this on its own will not save her home from destruction or her children from drowning. As a result, her husband and elder daughter have to take full responsibility for fighting danger: she is too weak.

Unlike her father, Lily is forward-thinking and this saves her from several disasters. When she and her second husband, Jim, manage a ranch for some English investors, they spend a long time inspecting the property and draw up plans to have a dam built in order to have enough water outside the rainy season. Many neighbours turn to them for help during hard times. On the other hand, a superficial film director with no idea of farming loses thousands of cattle on the same ranch because he takes no precautions to deal with an exceptionally hard winter. In the end, Jim comes to his rescue.

To sum up, I would say that a person's attitude to life and their own strength of character – which Lily calls gumption – determine whether they are able to meet the challenges they are faced with and to play their cards right. *(413 words)*

2.2 *Key points:*

Possible introduction: Definition of the term "globalisation"

Description of the cartoon:

- *Santa is sitting behind an office desk.*
- *He is explaining to the elves that their jobs have been outsourced to Bangalore.*
- *The elves are surprised and unhappy.*
- *They are holding their P45s in their hands.*

- *There is a diagram on the wall which shows that the company's economic situation is bad.*
- *There is a picture of a reindeer on the wall.*

Comment on the quote:

- *Large companies profit from globalisation; many normal workers suffer.*
- *Many jobs are outsourced.*
- *In third world countries people suffer under bad working conditions.*

Conclusion: Kofi Annan's action plan has not worked for ordinary people.
***Note about grammar**: use present continuous for describing actions in the picture; use simple present for describing states.*

What is globalisation? According to the Longman DCE, it is the process of making something such as a business operate in a lot of different countries all around the world. This definition does not, however, mention the benefits, the reasons for globalising or how a company should put this process into effect. Some of these answers can in fact be found in the cartoon shown.
One glance at the drawing shows us that there are not only winners but also losers where outsourcing, which is just one part of globalisation, is concerned. Bosses, represented here by Santa sitting behind his office desk, have to make unpleasant decisions. In times where business is tough (the graph on the wall implies that profits are stagnating or even on the decline), it may be necessary to outsource jobs to areas where wages are cheaper, such as Bangalore. In this cartoon Santa is explaining his decision to the elves and has just given them their P45s, a situation which is certainly hard for the workers. The domestic employment market has been weakened as jobs are being outsourced to countries where the cost of living and industrial overheads are lower. The body language of the unemployed suggests resignation and dissatisfaction. Abroad, the situation is no better: developing or third world countries rarely think about safety or the environment; trade unions are generally unheard of; the working conditions and hours are unacceptable, and the wages very low. Companies from western, developed countries exploit these workers and are rarely interested in fair trade. Their focus is on keeping costs down and profits up.
The cartoon is clearly intended to highlight the negative effects of outsourcing on domestic markets. Moreover, it shows unmistakably that Kofi Annan's action plan has not worked for the man in the street. In many respects, globalisation is only beneficial to those at the top, whilst those at the bottom continue to suffer from exploitation. *(321 words)*

Schriftliche Abiturprüfung Englisch (Baden-Württemberg)
Abiturähnliche Übungsaufgabe 8: *Great Depression*

Material

John Steinbeck, *The Grapes of Wrath*

John Steinbeck's novel (published in 1939) describes the challenges faced by the farmers in the Dust Bowl area in Oklahoma in the 1930s.

The owners of the land came onto the land, or more often a spokesman for the owners came. They came in closed cars, and they felt the dry earth with their fingers, and sometimes they drove big earth augers into the ground for soil tests. The tenants, from their sun-beaten dooryards, watched uneasily when the closed cars drove along the fields. And at last the owner men drove into the dooryards and sat in their cars to talk out of the windows. The tenant men stood beside the cars for a while, and then squatted on their hams and found sticks with which to mark the dust.

In the open doors the women stood looking out, and behind them the children – corn-headed children, with wide eyes, one bare foot on top of the other bare foot, and the toes working. The women and children watched their men talking to the other men. They were silent.

Some of the owner men were kind because they hated what they had to do, and some of them were angry because they hated to be cruel, and some of them were cold because they had long ago found that one could not be an owner unless one were cold. And all of them were caught in something larger than themselves. Some of them hated the mathematics that drove them, and some were afraid, and some worshiped the mathematics because it provided a refuge from thought and from feeling. If a bank or a finance company owned the land, the owner man said, The Bank – or the Company – needs – wants – insists – must have – as though the Bank or the Company were a monster, with thought and feeling, which had ensnared them. These last would take no responsibility for the banks or the companies because they were men and slaves, while the banks were machines and masters all at the same time. Some of the owner men were a little proud to be slaves to such cold and powerful masters. The owner men sat in the cars and explained. You know the land is poor. You've scrabbled at it long enough, God knows.

The squatting tenant men nodded and wondered and drew figures in the dust, and yes, they knew, God knows. If the dust only wouldn't fly. If the top would only stay on the soil, it might not be so bad.

The owner men went on leading to their point: You know the land's getting poorer. You know what cotton does to the land; robs it, sucks all the blood out of it.

The squatters nodded – they knew, God knew. If they could only rotate the crops they might pump blood back into the land.

Well, it's too late. And the owner men explained the workings and the thinkings of the monster that was stronger than they were. A man can hold land if he can just eat and pay taxes; he can do that.

Yes, he can do that until his crops fail one day and he has to borrow money from the bank.

But – you see, a bank or a company can't do that, because those creatures don't breathe air, don't eat side-meat. They breathe profits; they eat the interest on money. If they don't get it, they die the way you die without air, without side-meat. It is a sad thing, but it is so. It is just so.

The squatting men raised their eyes to understand. Can't we just hang on? Maybe the next year will be a good year. God knows how much cotton next year. And with all the wars – God knows what price cotton will bring. Don't they make explosives out of cotton? And uniforms? Get enough wars and cotton'll hit the ceiling. Next year, maybe. They looked up questioningly.

We can't depend on it. The bank – the monster has to have profits all the time. It can't wait. It'll die. No, taxes go on. When the monster stops growing, it dies. It can't stay one size.

Soft fingers began to tap the sill of the car window, and hard fingers tightened on the restless drawing sticks. In the doorways of the sun-beaten tenant houses, women sighed and then shifted feet so that the one that had been down was now on top, and the toes working. Dogs came sniffing near the owner cars and wetted on all four tires one after another. And chickens lay in the sunny dust and fluffed their feathers to get the cleansing dust down to the skin. In the little sties the pigs grunted inquiringly over the muddy remnants of the slops.

The squatting men looked down again. What do you want us to do? We can't take less share of the crop – we're half starved now. The kids are hungry all the time. We got no clothes, torn an' ragged. If all the neighbors weren't the same, we'd be ashamed to go to meeting.

And at last the owner men came to the point. The tenant system won't work any more. One man on a tractor can take the place of twelve or fourteen families. Pay him a wage and take all the crop. We have to do it. We don't like to do it. But the monster's sick. Something's happened to the monster.

But you'll kill the land with cotton.

We know. We've got to take cotton quick before the land dies. Then we'll sell the land. Lots of families in the East would like to own a piece of land.

The tenant men looked up alarmed. But what'll happen to us? How'll we eat?

You'll have to get off the land. The plows'll go through the door yard. *(979 words)*

THE GRAPES OF WRATH by John Steinbeck. Penguin Books, 2001.

Annotations

line 3:	auger: a large tool used for drilling holes in the ground
line 3:	tenant: s.o. who farms rented land
line 7:	ham: bottom
line 20:	to ensnare: to capture
line 25:	to scrabble: to try blindly or uncertainly
line 39:	side-meat: salt pork or bacon
line 55:	sty: a pen where pigs are kept
line 56:	slops: thin, watery mud, refuse

Teil I: Comprehension

Content 10 VP

For multiple-choice or true / false questions please note:

- Tick the correct solution(s).
- Give reference from the text: Write down the line(s) plus the first three words and the last three words of the quote(s).

	true	false	
1. Very often the landowners did not come to the farms themselves, but sent their representatives.	☐	☐	1

line(s) ______: ____________________

____

2. Decide which statement provides the best interpretation of a text passage. Only one statement is correct. 1

The farmers took hold of sticks and drew figures in the dust …

- ☐ to prove how dry the soil was.
- ☐ because they wanted to hide their uneasiness.
- ☐ because they were bored.
- ☐ to show their lack of respect for the owners.

line(s) ______: ____________________

____

	true	false	
3. Women and children protested heavily in support of their husbands and fathers.	☐	☐	1

line(s) ______: ____________________

____

4. Complete the sentence in your *own* words based on the information given in the text. 1

Some owners treated the farmers with coldness because …

____

____

true false

5. The owners described the banks as monsters in order to frighten the tenants. ☐ ☐ 1

line(s) ______: ____

____

true false

6. Farmers and owners agreed that the soil was not suitable for growing cotton. ☐ ☐ 1

line(s) ______: ____

____

7. Complete the sentence in your *own* words based on the information given in the text.

The farmers think they can improve the quality of the soil by … 1

____

____

8. The farmers were forced to borrow money from the banks because … 1

____

____

9. Steinbeck mentions the "hard fingers" (line 50) of the farmers in contrast to the "soft fingers" (line 50) of the spokesmen to illustrate … 1

____

____

10. Steinbeck includes a description of the animals on the farm … 1

☐ to add more realistic detail to the rural scene.

☐ to show that life goes on, that nature is unfeeling towards man's (the farmers') problems.

☐ to increase the tension of the passage.

☐ to introduce a lighter tone and add relief for the reader.

line(s) ______: ____

____

Teil II: Analysis
Content 10 VP / Language 15 VP

"You'll have to get off the land." (line 69)

Because of the drought many farmers left the Dust Bowl of Oklahoma in the days of the Great Depression and travelled west to California.

1.1 Analyse how Lily and her family were affected by the economic recession in the USA at that time.

1.2 Compare it to the situation in *The Grapes of Wrath.*

Teil II: Composition
Content 10 VP / Language 15 VP

Choose *one* of the following:

2.1 "The tenant system won't work any more. One man on a tractor can take the place of twelve or fourteen families. Pay him a wage and take all the crop." (lines 61–63)
Comment on the consequences of mechanisation in business, agriculture and industry.

or

2.2 Discuss the pros and cons of globalisation.

Lösungsvorschlag

Teil I: Comprehension

Here you have a mixture of different tasks. The order of the tasks follows the chronological order of the text. This helps you when you are looking for the relevant passages. For some tasks (e. g. the multiple-choice tasks) you need a deeper understanding of the texts. It is not enough just to understand the meaning of the words; you have to interpret the text as well.

	true	false
1. Very often the landowners did not come to the farms themselves, but sent their representatives.	☑	☐

lines 1/2: "more often a … the owners came."

2. The farmers took hold of sticks and drew figures in the dust …
   - ☐ to prove how dry the soil was.
   - ☑ because they wanted to hide their uneasiness.
   - ☐ because they were bored.
   - ☐ to show their lack of respect for the owners.

   lines 6/7 "The tenant men … mark the dust."

	true	false
3. Women and children protested heavily in support of their husbands and fathers.	☐	☑

lines 10/11: "The women and … They were silent."

4. Some owners treated the farmers with coldness because **they did not want to get emotionally involved / they had found out in the past that you have to be cold as a land owner to protect yourself. (cf. lines 13–15)**

	true	false
5. The owners described the banks as monsters in order to frighten the tenants.	☐	☑

lines 20–22: "These last would … the same time"
or
lines 33/34: "And the owner … than they were"

	true	false
6. Farmers and owners agreed that the soil was not suitable for growing cotton.	☑	☐

lines 30, 65: "You know what … out of it.", "But you'll kill … land with cotton."

7. The farmers think they can improve the quality of the soil by **growing different things every year, not only cotton. (cf. lines 31/32)**

8. The farmers were forced to borrow money from the banks because **one year the harvest was really bad.**

9. Steinbeck mentions the "hard fingers" (line 50) of the farmers in contrast to the "soft fingers" (line 50) of the spokesmen to illustrate **that the farmers have to work hard and are still poor while the spokesman have a rather easy job.**

10. Steinbeck includes a description of the animals on the farm …
    - ☐ to add more realistic detail to the rural scene.
    - ☑ to show that life goes on, that nature is unfeeling towards man's (the farmers') problems.
    - ☐ to increase the tension of the passage.
    - ☐ to introduce a lighter tone and add relief for the reader.

    lines 53–56: "Dogs came sniffing … of the slops."

Teil II: Analysis

1.1 *Key points:*
Introduction: Wall Street Crash of October 1929 triggers recession
Lily and her family during economic recession:
- *Living in Ash Fork, Jim runs small garage, children Rosemary and Little Jim are born*
- *Depression makes itself felt: sales drop, Lily sells bootleg alcohol*
- *Near bankruptcy, thoughts of emigrating to California*

The Great Depression of the 1930s was a difficult time for the American population and people all over the world economically speaking. The Wall Street Crash of October 1929 triggered a recession which led to the bankruptcy of many businesses. As a result, millions lost their jobs and were faced with homelessness and poverty. At that time, Lily and her husband Jim were living in Ash Fork, where their children Rosemary and Little Jim were born. The family lived from the money they earned from selling petrol at the small garage they had set up with bank loans. Very soon they felt the impact of the economic downturn, as sales dropped because people had no money to buy petrol. In order to survive and supplement the family income, Lily became a "liquor lady", which meant that she sold bootleg alcohol at her back door. When this business failed, they lost the garage, because they could not afford to pay back their bank loan. In this desperate situation they were about to auction all their belongings and join the flood of Oklahoman farmers on their way to California. At the last minute Jim was offered a job as manager of the AIC Ranch. *(202 words)*

1.2 *Key points:*
Comparison to The Grapes of Wrath:
- *Steinbeck's farmers hit by Depression and nature: drought (erosion)*
- *Farmers lose tenancy*
- *Jim profits: buys land cheap*

The farmers in Steinbeck's novel were not only hit hard by the general Depression which hit the country, but also by natural disasters. A continuous drought caused an erosion of the soil, destroying harvests and income. When the tenant farmers were no longer able to pay the owners or the banks, they were driven off the land. In search of a new start and work, they migrated to California in great numbers. By contrast, Jim and Lily even profited from the Depression, because many farmers were forced to sell up and Jim was able to buy new land at favourable prices – thus, in a way, illustrating the proverb "One man's meat is another man's poison." *(115 words)*

Teil II: Composition

2.1 *Key points:*
Introduction: Dramatic changes in agriculture and industry in the past and today
Main part:
Advantages (of mechanisation):
- *Relieves workers of tedious and dangerous jobs*
- *Faster and cheaper production*
- *Consumer products become cheaper*

Disadvantages:
- *Loss of jobs in industry and agriculture*
- *High investment costs make small businesses disappear*
- *Emergence of multinationals with monopoly*

Conclusion: Good education and training essential to cope with the challenges of mechanisation

Rationalisation and mechanisation have brought about a dramatic transformation of industry and agriculture. In Britain, the first agricultural machines were used on farms in the late 18th century. Thousands of peasant farmers and farm workers left the countryside to work in the factories in the cities. In the United States, the family farms of the pioneers and settlers have long since disappeared and have been replaced by large corporations which produce food according to industrial principles. Similarly, mechanisation and automation also changed the production process in plants and factories – from the introduction of machinery in Britain's textile mills during the Industrial Revolution to the installation of robots in today's car factories. Not only factory work, but also clerical work was transformed by the use of computers and new technologies in offices.

A positive effect of the use of machinery is that it relieves workers of tedious and dangerous jobs, so that they can concentrate on more challenging and responsible tasks. Another advantage of mechanisation is a decrease in production costs. Robots and machinery can produce goods faster and at lower cost. They do not need holidays, are never ill and can work all day long, seven days a week. As a result, products for consumers become cheaper and readily available.
The reverse side of the coin, however, is the loss of jobs in industry and agriculture. Workers on the production line are made redundant, and many, especially older employees, find it hard or even impossible to find new employment. Small farmers, whether in Britain, in the USA or in Europe, can no longer compete with the large agribusiness corporations. Only firms which can invest in rationalisation are able to survive. This, in turn, may lead to a concentration of businesses and the emergence of multinationals with the power of monopoly.
In conclusion, the technological revolution ushered in by mechanisation and automation is a mixed blessing which brings advantages for some, but disadvantages for others. The employment opportunities for unskilled workers disappear, but at the same time the new technologies provide opportunities for more qualified staff. Consequently, a good education and proper training are required to cope with the challenges of mechanisation today. *(361 words)*

2.2 *Possible structure:*
Introduction: definition of globalisation
- *People all around the world are closely connected.*

Main part:
- *Advantages of globalisation:*
  - *For employers: new market, production plants, more customers*
  - *For jobseekers: better job opportunities*
  - *For consumers: competition leads to lower prices*
- *Disadvantages of globalisation:*
  - *Exploitation of workers in Asian countries, child labour*
  - *Ruthless exploitation of natural resources, increase in environmental pollution*
  - *Outsourcing and off-shoring kill jobs*

Conclusion:
- *Companies must rethink business activities*

Globalisation is the word of the day. People all around the world are closely connected – thanks to progress in computers, Internet technology and advances in transport methods by air or sea. This revolutionary development has brought advantages and disadvantages for people and their environment.
As a result of globalisation, trade and commerce have become inter-connected, and employers and jobseekers alike can profit from a worldwide economy. Firms open new markets and set up new production plants to satisfy the increased demand from new customers. Asian workers, for example, have more chances of

earning money to support their families. As more jobs are created, opportunities for jobseekers improve – both in industrialised and threshold countries.

Not only firms and jobseekers, but also consumers profit from the removal of trade barriers because they can shop almost anywhere, comparing prices and quality of products. The stiffer competition on the world market inevitably leads to lower prices.

On the other hand, critics of globalisation argue that consumers in the industrialised countries owe their economic advantages to the exploitation of workers in Chinese or Indian factories, for example. To cut labour costs some producers even employ children in sweatshops, often in unsafe or unhealthy conditions. Child labour in Asia has become a serious problem which charity organisations are trying to root out.

Environmentalists maintain that the intensified production in our global economy is responsible for the ruthless exploitation of natural resources and the increase in environment pollution. In many countries production takes place in factories which emit large amounts of carbon gases into the atmosphere. In addition, the destruction of rainforests in Asia and South America poses a threat to the world climate.

Although employment opportunities have improved generally, not everybody will profit from an extended labour market. As a result of globalisation new business methods to increase cost-effectiveness and profits were developed: outsourcing and off-shoring. This means that work and jobs are moved to other countries, with the negative effect that workers in the industrialised countries lose their jobs.

It goes without saying that globalisation in general has raised the standard of living throughout the world. However, the negative sides of the world having become a global village must not be overlooked. Political leaders and business managers must tackle the challenges which are connected with globalisation. A first step is being taken as more companies accept social responsibility for their business activities abroad and are rethinking their strategies. *(403 words)*

Schriftliche Abiturprüfung Englisch (Baden-Württemberg)
Abituränhliche Übungsaufgabe 9: ***American Dream II***

Material A

The American dream has become a burden for most

As wages stagnate and costs rise, US workers recognise the guiding ideal of this nation for the delusional myth it is

The final chapter of America's Promise, a high-school textbook on American history, ends with a rallying cry to national mythology. "The history of the United States is one of challenges faced, problems resolved, and crises overcome," it states. "Throughout their history Americans have remained an optimistic people, carrying this optimism into the new century. The full promise of America has yet to be realised. This is the real promise of America; the ability to dream of a better world to come."

Such are the assumptions beamed from the torch of Lady Liberty, coursing through the veins of the nation's political culture and imbibed with mothers' milk. Their nation, many will tell you, is not just a land mass but an ideal – a shining city on the hill beckoning a bright new tomorrow and a dazzling dawn for all those who want it badly enough. Such devout optimism, even (and at times particularly) in the midst of adversity makes America, in equal parts, both exciting and delusional. According to Gallup, since 1977 people have consistently believed their financial situation will improve next year even when previous years have consistently been worse.

But when President Barack Obama was planning his run for a second term his pollsters noticed a profound shift in the national mood. The optimism was largely gone – and with it both the excitement and the delusion. The time-honoured rhetorical appeals to a life of relentless progress, upward mobility and personal reinvention didn't work the way they used to.

"The language around the American dream wasn't carrying the same resonance," Joel Benenson, one of Obama's key pollsters, told the Washington Post. "Some of the symbols of achieving the American dream were becoming burdens – owning that house with the big mortgage was expensive, owning two cars and more debts; having your kid go to college. The cost and burden of taking out those loans was making a lot of Americans ambivalent. They weren't sure a college education was worth it."

This wasn't just about the recession – though of course that didn't help – but a far more protracted, profound and painful descent in expectations and aspirations that has been taking place for several decades. For underpinning that faith in a better tomorrow was an understanding that inequality in wealth would be tolerated so long as it was coupled with a guarantee of equality of opportunity. In recent years they have seen both heading in the wrong direction – the gap between rich and poor has grown even as possibilities for economic and social advancement have stalled. […]

While wages have stagnated and wealth has dissipated, costs have shot up. A family's health insurance contributions have increased 90 % over the past decade. Over the past five years tuition costs have leapt 27 % at state universities and 13 % at private institutions above inflation. A nation that has long prided itself on being forward-thinking is reconciling itself to going backwards. […]

With the budget battle and raising the debt limit looming, the narrative will once again be that America's deadlocked political culture is crippling its economy. It's true that it certainly doesn't help. But it has done far more damage when its components have worked together.

For the root causes of this decline are not difficult to fathom. "One of the biggest drivers is deindustrialisation," explains James Meadway, senior economist at the New Economics Foundation. "Manufacturing used to provide good paying secure jobs for skilled workers in the west but much of that work has gone to emerging economies." […]

Little of this is unique to the US. The main countries within the European Union, including Britain, are suffering from wage stagnation, creating a squeezed middle class. The retraction has not been taking place as long as it has in the US, but has been on the same trajectory for quite some time. But there are two key differences. The Germans, British and French were not raised with a guiding myth that is being contradicted at the end of every month when families routinely find they can't meet their expenses. Second, most European nations do have a welfare state (at least for now) that contends with the fallout. Those who look to America as a trendsetter that maps our future should be careful what they wish for. […] *(742 words)*

Younge, Gary: "The American dream has become a burden for most".
In: The Guardian, 22. 9. 2013.

Material B

Unbequeme Wahrheiten zur Schuldenkrise

Europa ringt offiziell um die „Bewältigung der Schuldenkrise": Doch hinter der Überschuldung stehen tiefere Probleme: Alternde Bevölkerungen, sinkende Wettbewerbsfähigkeit und überdehnte Wohlfahrtssysteme. Den Sozialstaaten droht ein Ende wie das der DDR.

[…] Die unbequemste Wahrheit […] traut sich kaum jemand auszusprechen: das europäische Sozialstaatsmodell ist am Ende. Umso überraschender ist ein Vorstoß von Bundeskanzlerin Angela Merkel […]: Wenn Europa heute nur noch 7 Prozent der Weltbevölkerung ausmache (Tendenz fallend), kaum noch 25 Prozent des globalen Bruttosozialprodukt erwirtschafte (Tendenz fallend), aber sich damit opulente 50 Prozent der weltweiten Sozialkosten leistet, dann könne das auf die Dauer nicht gut gehen. Merkel mahnte an, man werde „sehr hart werden arbeiten müssen, um diesen Wohlstand und unseren Lebensstil zu erhalten. Wir alle müssen aufhören, jedes Jahr mehr auszugeben als wir einnehmen".

Kurzum: Die derzeitige Sozialstaatsverfassung Europas – 7 Prozent der Weltbevölkerung leisten sich 50 Prozent der Weltsozialkosten – kann einfach nicht überleben. Merkels bemerkenswerte Erkenntnis ist nicht nur eine Absage an die Politik des französischen Präsidenten Francois Hollande, der keine Abstriche in den Sozialleistungen machen möchte und sich stattdessen lieber planschuldenwirtschaftlich durchwurschtelt. Sie kündigt zugleich einen echten Paradigmenwechsel an. Denn die europäische Idee einer staatlichen Rundumversorgung könnte bald überholt sein.

Vor allem die Lage des europäischen Rentensystems ist hoch heikel. Ein Drittel der erwachsenen Bevölkerung Europas ist inzwischen Rentner. Immer größere Teile des Bruttoinlandsprodukts werden nur noch für staatliche Rentenzuzahlungen ausgegeben, immer weniger aber für Forschung und Innovation. Da die Bevölkerung auch noch rasch altert, die Zahl der Rentner also steigt, werden die Staatsfinanzen in einen ruinösen Zuschuss zu den Rentenkassen und also in immer neuen Schulden getrieben. Es muss also irgendwann schmerzliche Einschnitte ins Rentenniveau geben oder aber das Renteneintrittsalter deutlich herauf gesetzt werden. Wahrscheinlich sogar beides. In jedem Fall wird das europäische Sozialrentensystem in der jetzigen Verfassung nicht zu halten sein.

Die Bundeskanzlerin hat die Situation einer fehlenden Innovationskraft, einer sinkenden Wettbewerbsfähigkeit und eines staatlich erzwungenen Sozialsystems jüngst sogar mit dem Niedergang der DDR verglichen: „Wir wurden Zeugen, wie in der DDR das ganze sozialistische System nicht mehr wettbewerbsfähig wurde. Dadurch wurde den Leuten der Wohlstand verweigert, was am Ende zu großer Instabilität geführt hat."

Im Klartext: Sollten die europäischen Länder ihre Sozialausgaben und Renten nicht massiv zurückfahren oder aber ihre Wettbewerbsfähigkeit dramatisch steigern, werden sie unvermeidlich im Schuldensozialismus und im Staatsbankrott enden. […]

(383 Wörter)

Weimer, Wolfram: „Unbequeme Wahrheiten zur Schuldenkrise". In: Handelsblatt (12. 7. 2013). http://www.handelsblatt.com/meinung/kolumnen/weimers-woche/weimers-woche-unbequeme-wahrheiten-zur-schuldenkrise/8488106.html

Teil I: Comprehension — Content 10 VP

Read the article by Gary Young (Material A). Based on the information given in the text tick off the best statement and support your claim with evidence from the text. Write down the line(s) plus the first three words and the last three words of the quote(s) to support the solution you have chosen. Only one statement is correct. The first one serves as an example.

0. Example — 0

The final chapter of America's Promise, a high-school textbook on American history, ends with …

- ☐ a lot of crying and weeping.
- ☐ nationalistic ideology.
- ☑ invocations of the typical American belief in a better future.
- ☐ a report of rallies in American history.

line(s) 2-6 : "a rallying cry … world to come."

1. Its optimism makes America … **1**
   - [ ] thrilling, but also causes false ideas.
   - [ ] seem arrogant in the eyes of foreigners.
   - [ ] a financially strong country.
   - [ ] make optimal use of the big land mass it has.

   line(s) ______: ____

   ____

2. During Obama's campaign … **1**
   - [ ] his optimism distinguished him from his opponent.
   - [ ] the American people had changed its attitude.
   - [ ] his optimism had left him.
   - [ ] progress was no longer seen as attractive.

   line(s) ______: ____

   ____

3. Choose the adjective which best completes the following sentence: During Obama's campaign, many Americans felt … about wanting to have a big house and two cars. **1**
   - [ ] desperate
   - [ ] excited
   - [ ] indifferent
   - [ ] hesitant

   line(s) ______: ____

   ____

4. In American history the fact that some people were much richer than others … **1**
   - [ ] was accepted as long as people felt that they could become rich too.
   - [ ] caused many social disruptions.
   - [ ] made the state support poorer people.
   - [ ] was acceptable for couples in which one person could earn enough money.

   line(s) ______: ____

   ____

5. In recent years, … **1**

- [ ] the rich have become richer and the poor poorer.
- [ ] the rich have supported the poor to stall social disruptions.
- [ ] both the rich and the poor have been doing the wrong things.
- [ ] the possibilities for economic and social advancement have improved.

line(s) ______ : ____

____

6. The fact that tuition costs in America have grown immensely in recent years is seen by the author as a sign that … **1**

- [ ] the richer you get, the more you should pay for education.
- [ ] health is more important than education.
- [ ] American society is accepting that progress for everyone is no longer possible.
- [ ] America's educational system is useless.

line(s) ______ : ____

____

7. The American Dream has become less attractive because … **1**

- [ ] there are fewer immigrants coming to the US that believe in the American Dream and prove its attraction.
- [ ] the government does not help disabled people.
- [ ] economic problems and problems in the political system have mutually aggravated the decline.
- [ ] politicians have stopped narrating the American Dream.

line(s) ______ : ____

____

8. The US has lost many manufacturing jobs because … **1**

- [ ] only the west of the US can provide a large enough workforce.
- [ ] other countries now produce many of the formerly American products.
- [ ] there has been a big deindustrialisation in the car industry.
- [ ] the US only provides jobs in the old economic system and neglects the new economy.

line(s) ______: ____

____

9. The first difference between the US and the main European countries is … **1**
   - ☐ that Europeans have learned how to cope with low wages because they have always had a weaker economy.
   - ☐ that Americans purchase too many things on credit.
   - ☐ that family values play a less important role in Europe.
   - ☐ that Europe does not have the equivalent of the American Dream that is letting them down now.

   line(s) ______: ____

   ____

10. The second difference between the US and the main European countries is … **1**
    - ☐ that in Europe, the state provides help for people in need.
    - ☐ that America has always set the trend for the European economy and politics.
    - ☐ that Europe has always been in danger of nuclear attack.
    - ☐ that in Europe there has always been a big controversy over the welfare state.

    line(s) ______: ____

    ____

Teil II: Analysis — Content 10 VP / Language 15 VP

1. Read Material B, sum up the main problems of European economies according to Weimer and what he suggests as the solution to this problem. Then explain in which way Young's text could serve as a corrective to Weimer's suggestions.

Teil II: Composition

Content 10 VP / Language 15 VP

Choose *one* of the following.

2.1 Write a letter to the editor in which you comment on Gary Young's text from Lily Casey Smith's point of view. Make sure the letter fits in with Lily's character and the narrative style of the novel *Half Broke Horses.*

or

2.2 "The American dream is, in part, responsible for a great deal of crime and violence because people feel that the country owes them not only a living but a good living." (David Abrahansen)

Discuss with reference to *Crash.*

Lösungsvorschlag

Teil I: Comprehension

1. Its optimism makes America …
   - [x] thrilling, but also causes false ideas.
   - [ ] seem arrogant in the eyes of foreigners.
   - [ ] a financially strong country.
   - [ ] make optimal use of the big land mass it has.

   lines 11/12: "Such devout optimism, … exciting and delusional."

2. During Obama's campaign …
   - [ ] his optimism distinguished him from his opponent.
   - [x] the American people had changed its attitude.
   - [ ] his optimism had left him.
   - [ ] progress was no longer seen as attractive.

   lines 15/16: "But when President … the national mood."

3. During Obama's campaign, many Americans felt … about wanting to have a big house and two cars.
   - [ ] desperate
   - [ ] excited
   - [ ] indifferent
   - [x] hesitant

   lines 24/25: "The cost and … of Americans ambivalent."

4. In American history the fact that some people were much richer than others …
   - [x] was accepted as long as people felt that they could become rich too.
   - [ ] caused many social disruptions.
   - [ ] made the state support poorer people.
   - [ ] was acceptable for couples in which one person could earn enough money.

   lines 28–30: "For underpinning that … equality of opportunity."

5. In recent years, …
   - [x] the rich have become richer and the poor poorer.
   - [ ] the rich have supported the poor to stall social disruptions.
   - [ ] both the rich and the poor have been doing the wrong things.
   - [ ] the possibilities for economic and social advancement have improved.

   lines 30–32: "In recent years … advancement have stalled."

6. The fact that tuition costs in America have grown immensely in recent years is seen by the author as a sign that …
   - ☐ the richer you get, the more you should pay for education.
   - ☐ health is more important than education.
   - ☑ American society is accepting that progress for everyone is no longer possible.
   - ☐ America's educational system is useless.

   lines 34–37: "Over the past … to going backwards."

7. The American Dream has become less attractive because …
   - ☐ there are fewer immigrants coming to the US that believe in the American Dream and prove its attraction.
   - ☐ the government does not help disabled people.
   - ☑ economic problems and problems in the political system have mutually aggravated the decline.
   - ☐ politicians have stopped narrating the American Dream.

   lines 38–41: "With the budget … have worked together."

8. The US has lost many manufacturing jobs because …
   - ☐ only the west of the US can provide a large enough workforce.
   - ☑ other countries now produce many of the formerly American products.
   - ☐ there has been a big deindustrialisation in the car industry.
   - ☐ the US only provides jobs in the old economic system and neglects the new economy.

   lines 44–46: "Manufacturing used to … to emerging economies."

9. The first difference between the US and the main European countries is …
   - ☐ that Europeans have learned how to cope with low wages because they have always had a weaker economy.
   - ☐ that Americans purchase too many things on credit.
   - ☐ that family values play a less important role in Europe.
   - ☑ that Europe does not have the equivalent of the American Dream that is letting them down now.

   lines 51–53: "The Germans, British … meet their expenses."

10. The second difference between the US and the main European countries is …
   - ☑ that in Europe, the state provides help for people in need.
   - ☐ that America has always set the trend for the European economy and politics.
   - ☐ that Europe has always been in danger of nuclear attack.
   - ☐ that in Europe there has always been a big controversy over the welfare state.

   lines 53/54: "Second, most European … with the fallout."

Teil II: Analysis

1. *Main problems (Weimer):*
   - *Ageing society*
   - *Lack of innovation in the economy*
   - *Not competitive on the world market*
   - *Social security system is too expensive (e. g. pensions)*
   - *Countries are in debt*

   Suggested solutions (Weimer):
   - *Increase international competitive ability*
   - *Reduce costs for social security and pensions*

   Corrective (Young):
   - *America was also hit hard by the financial crisis, although its social security net is rather weak*
   - *The gap between rich and poor has grown in America; people are hit harder by the crisis*

In Weimer's eyes, the European-type welfare state has become too expensive because of the increasing number of older people and a decreasing ability to compete with other economies that have a much leaner welfare system. He quotes the German chancellor Angela Merkel, who predicts that we will have to stop spending more money than we actually receive and that we will have to get used to the idea that the state cannot provide for all the needs of its population. The rising expenses for pensions in particular would eventually lead to bankruptcy if there were no cut in the level of pensions, or people did not retire at a higher age. The high costs of pensions also led to less spending on innovation and research, which resulted in an inability to compete with other economies. Merkel compares the situation of some European states with the decline of the former GDR, in which it had led to instability, a loss of prosperity and finally to state bankruptcy. Weimer uses Merkel's comparison to hammer his point home: the European countries must massively reduce their expenses on welfare or drastically increase their economic power to compete.
Young's text could serve as a corrective to Weimer's suggestions, because in his text he describes the economic and social problems that the US faces despite the fact that they do not have a welfare system like the European countries. Furthermore, the entrepreneurial spirit connected with the American Dream, which some might see as the reason for a higher capacity to compete with other economies, has lost its appeal in a situation in which the economic problems have become so overpowering. Young points out that the economic decline makes the situation even worse for citizens due to the absence of a welfare state that helps them to get along. Thus, he warns against looking to the US as a "trendsetter" for a more hopeful future. *(318 words)*

Teil II: Composition

2.1 *When you write the letter, you should consider that Lily grew up at time in which social security did not play a role in America. She faced hardships but managed to overcome them on her own and embodies the American ideal of self-reliance. Her tone is honest rather than polite, not submitting to authorities.*

Sir,

Mr Young's article seems to be written by a fish-faced sissy who has never experienced how it feels to overcome obstacles by relying on your own power and devices. I went through recession in the 1930s, and I experienced the necessity of starting all over again after I had lost everything. My husband and I had had a rather prosperous garage when the Great Depression hit us (like many, many others in Northern Arizona as well as in the whole of the US) and forced us to auction it off and find a new source of income. Times were certainly much harder then than they are now, and we were desperate, but we were happy to leave behind all the conveniences of civilisation and accepted the unexpected offer to run a ranch in the middle of nowhere. No-one supported us, certainly not Herbert Hoover's glorious administration, but we were willing to work hard. We were our own veterinarian, mechanic, butcher and cook as well as ranch manager and at the same time the mother and father of two little children. We didn't need any American Dream to tell us what to hope for. In fact, we were rather sick of the official ideology. But we enjoyed the hard life on the farm, because it meant independence and self-reliance. We went through experiences of loss again and again in our lives, but every time we refused to look back and moan about what we had lost and just tried to make the best out of what was available. I had made sure that I got the education that I needed to do the kind of work I wanted, and I did not worry about equal opportunities for everyone. In fact, I was often deprived of opportunities by men who used the power and the connections they had to fire a young woman who was too self-confident in their eyes. I learnt to take care of myself. Maybe Mr Young is right, and the American Dream has really become a burden for most. But if that is true, one must think about why people started to rely on such ideas in the first place. I certainly didn't. There is no guarantee that you will get rich by the work of your own hands, and if you start measuring up the costs of an education with its supposed gain, you miss the point completely. Education is there to enable you to do the kind of work you want. As long as you can support yourself and your family, that is enough. So if there is a guiding myth in my life, then it is the idea that you have to play the cards you have been dealt. Don't expect too much, but be ready to fight for yourself.

(466 words)

2.2 Crash *is full of violence and crime (auto theft, murder and attempted murder, people trafficking, a hit and run accident, police violence, burglary etc.), but only one incident can be connected to the American Dream: Anthony and Peter, two blacks from a rundown area who feel discriminated against because of the colour of their skin, steal a car from a white couple. The following solution argues that the American Dream cannot be made responsible for this deed.*

The hopes of success that are connected to the American Dream set high goals for those who pursue it. Especially in its degenerate form, that narrows the American Dream down to the idea of becoming rich and famous, the impossibility of making it come true for everyone is obvious. Thus, disappointment is a real possibility for those who, despite the supposedly unlimited opportunities, do not manage to escape their underprivileged positions in American society. If these people believe they have a right to the good things the American Dream promises, they might think of taking by force what they are not given freely. Out of frustration, or simply because they feel entitled to it, people grasp for the markers of success, for the status symbols of the rich and the famous.
This is what Peter and Anthony do in *Crash*. They rob rich, white people of one of their most conspicuous status symbols: their car, preferably an ostentatious SUV. What is their motivation in doing this? Anthony especially seems to pursue his personal version of the American Dream, in which ideas from the Civil Rights Movement and Malcolm X are used to justify their robberies. The fact that they only rob rich, white and never poor, black people enables him to see himself as a modern version of Robin Hood with a black skin. However, Peter occasionally criticises Anthony's ideology with ironic remarks, and it remains unclear whether Anthony really believes in it himself. The film's episodes that deal with Anthony and Peter do not explain why Anthony and Peter have become robbers, but the explanation that it is the thwarted hopes of the American Dream and the ensuing disappointment that makes them turn to violence is certainly too simple. They seem to enjoy the kick these robberies give them, and they want the easy money that comes with them. Would they behave differently if the American Dream did not exist? Maybe. But maybe their violence and greed would be even greater. The American Dream is often said to have a mitigating function, because it helps people to accept injustices by giving them the hope of overcoming the bad situation in which they find themselves and thus keeps them away from violence. The link between the violence in American society and a thwarted American Dream is difficult to prove. Abrahansen's quote is more a piece of polemic than a well-founded sociological statement.

(402 words)

Schriftliche Abiturprüfung Englisch (Baden-Württemberg)
Abiturähnliche Übungsaufgabe 10: *True-life Novel*

Material

Women's Memoirs

***Half Broke Horses: A True-Life Novel* by Jeannette Walls**
is reviewed by Lanie Tankard

Consider this approach to writing about your grandmother

Would you like to paint a memoir portrait of a colorful family character – but you're working with mostly secondhand stories on your palette? One technique for presenting someone several generations before you might be the "true-life novel" that Jeannette Walls employs in her most recent book, *Half Broke Horses: A True-Life Novel.*

Walls crafts a prequel to her well-known 2005 memoir, *The Glass Castle: A Memoir*, the story of her turbulent upbringing. This time, she focuses on Lily Casey Smith, her feisty grandmother. Walls also sketches out her mother's childhood for readers of the earlier book.

Lily is a handful of gumption from the get-go, in a true-life adventure when she and her two younger siblings are caught in a flash flood. She hauls them up into a cottonwood tree, spending the night until the waters recede. Lily keeps them awake and willing to hang on.

She utilizes this same ability to weather crises many more times. She breaks horses by age six, journeys alone by pony at age fifteen to teach five hundred miles away, encounters heartbreak in Chicago, runs a large Arizona ranch with her husband, survives the Great Depression by creative means, faces her sister's death, learns to fly, and takes no guff from anyone.

Choice of person in memoir

Lily's story is well worth reading, and Walls is both a gifted writer and a born storyteller. *Half Broke Horses*, however, did not draw me in nearly as much as *The Glass Castle*, which may have been due to the author's choice to write in first-person as if her grandmother were telling about her own life. To me, that voice felt "off." I was constantly reminding myself that it was not Walls speaking, as she did so eloquently in the earlier book, but rather her speaking as she imagined her grandmother might have spoken had Walls been there to hear her. My confusion was especially acute in passages where Walls was writing as her grandmother speaking to her daughter, who was the mother of Walls.

Choice of voice in memoir writing

Lily's voice is constant throughout. It doesn't sound like a little girl chronicling her story in the beginning when she's young, and it's not presented as an old woman reflecting back on her girlhood either.

Another decision when writing memoir is how to handle events one has heard about rather than witnessed. The presentation can resemble the old childhood game of telephone, as stories change with each telling. A helpful question for the memoirist to ponder might be: How can the protagonist's voice best be imbued with legitimacy?

Develop emotions when writing a memoir

What seemed to be missing for me were Lily's feelings. She exists in parts of this format as a conveyor of information about events, with suspended emotion. The last section in particular read as though facts were simply being set down hurriedly. The tale of Lily bursting into the governor's office "to berate him" simply stops (p. 246). The reader never finds out if her threats have any effect on education funding.

The book effectively ends as Lily's daughter and her new husband, the parents of Walls, leave on their unplanned honeymoon "like a couple of half-broke horses." An Epilogue tells about the birth of Lily's grandchildren, one of whom is Jeannette Walls, ending with Lily's vow to be a part of their lives: "I had a few things to teach those kids …"

And apparently she did. In *The Glass Castle*, Walls wrote, "… I loved Grandma Smith … She told me I was her favorite grandchild and that I was going to grow up to be something special. I even liked all of her rules. I liked how she woke us up every morning at dawn, shouting, 'Rise and shine, everybody!' and insisted that we wash our hands and comb our hair before eating breakfast. She made us hot Cream of Wheat with real butter, then oversaw us while we cleared the table and washed the dishes. Afterward, she took us all to buy new clothes, and we'd go to a movie like Mary Poppins" (pp. 91–92). *(712 words)*

[The material above is a portion of Post #45 (Book/Video Raves) appearing on Matilda Butler and Kendra Bonnett's memoir writing blog, Women's Memoirs, April 28, 2010. Material quoted therein is under fair use from two books by Jeannette Walls, Half Broke Horses: A True Life Novel (New York: Scribner, 2009) and The Glass Castle: A Memoir (New York: Scribner, 2005).]

http://womensmemoirs.com/memoir-book-reviews/half-broke-horses-a-true-life-novel-by-jeannette-walls-is-reviewed-by-lanie-tankard/

Teil I: Comprehension

Content 10 VP

1. Re-establish the logical order of the statements as presented in Material A. Quote from the text to prove your answer. Write down the line(s) plus the first three words and the last three words of the quote(s). **5**
   a) In life-writing, you have to make sure that the narrator is as convincing and credible as possible.
   b) The protagonist of *Half Broke Horses* repeatedly employs the same strategy to tackle difficult situations.
   c) Jeannette Walls approves of the well-structured life her grandmother provided for her.
   d) The events rendered in *Half Broke Horses* happened before the events told in *The Glass Castle.*
   e) The reviewer recognises Wall's talent as an author.

Order	Quote and line

2. Explain what the author means by saying that Lily's "voice felt 'off'" (line 22). **1**

____

____

____

____

____

3. Complete the following sentence. **1**

The reviewer uses the term “suspended emotion” (line 38) to …

____

____

____

____

4. Which techniques for writing biographies are mentioned in the review? Quote the relevant passage from the text to support your answer. Write down the line(s) plus the first three words and the last three words of the quote(s). There is more than one possible answer. **3**

☐ You can write a biography about someone by interviewing him/her for this purpose.

line(s) ______ : ______________________________________

____

☐ You can choose to write only about events you have observed yourself.

line(s) ______ : ______________________________________

____

☐ You can write a biography by finding information about the subject of your book by reading other sources.

line(s) ______ : ______________________________________

____

☐ You can rely on anecdotes and things you have been told about the person.

line(s) ______ : ______________________________________

____

☐ You can fictionalise the life of a person.

line(s) ______ : ______________________________________

____

Teil II: Analysis
Content 10 VP / Language 15 VP

1. Jeannette Walls calls her second book a "true-life novel". In the book she describes the life of her grandmother. Thomas Cirignano, an American writer, wrote, "Each of us is a book waiting to be written, and that book, if written, results in a person explained."

   Analyse to what extent this quote is true of *Half Broke Horses*.

Teil II: Composition
Content 10 VP / Language 15 VP

Choose *one* of the following:

2.1 In her novel Jeannette Walls writes: "Anyone who thinks he is too small to make a difference has never been bit by a mosquito."

Discuss if this worldly wisdom is applicable to the challenges the world is facing today.

or

2.2 Imagine Oprah Winfrey interviews Lily Casey Smith. The topic of the show is "The biggest challenge of my life and how I dealt with it." Write the interview.

Lösungsvorschlag

Teil I: Comprehension

1.

Order	Quote and line
d	**"Walls crafts a ... *Castle: A Memoir*" (lines 5/6)**
b	**"She utilizes this ... many more times." (line 13)**
e	**"Lily's story is ... a born storyteller." (lines 19/20)**
a	**"A helpful question ... imbued with legitimacy?" (lines 34/35)**
c	**"I even liked all of her rules." (line 49)**

2. The reviewer was confused by Walls's choice of narrative perspective. In contrast to her earlier book, the first person narrator is not Jeannette Walls, but her grandmother.

3. The reviewer uses the term "suspended emotion" (line 38) to **underline that in her opinion the narrator focuses too much on rendering events rather than giving the reader insight into the protagonist's emotional life.**

4. Which techniques for writing biographies are mentioned in the review?

☐ You can write a biography about someone by interviewing him/her for this purpose.

☑ You can choose to write only about events you have observed yourself.

lines 23/24: "it was not … the earlier book."

or

lines 32/33: "Another decision when … rather than witnessed"

☐ You can write a biography by finding information about the subject of your book by reading other sources.

☑ You can rely on anecdotes and things you have been told about the person.

line 2: "working with mostly secondhand stories"

or

lines 32/33: "Another decision when … rather than witnessed."

☑ You can fictionalise the life of a person.

lines 2/3: "One technique for … the true-life novel."

or

lines 24/25: "her speaking as … to hear her."

Teil II: Analysis

1. *The quote is true in the following respects:*
   - *The reader learns a lot about events from Lily's life.*
   - *You understand Lily's attitude towards life and the factors that shaped it (e. g. Lily's upbringing on the farm, her father's worldly wisdoms, the many serious challenges she overcomes)*
   - *You learn some motifs that influence her choices (e. g. after the disappointment of her first marriage, it is she who proposes to Big Jim and lays out the ground rules for their partnership because she doesn't want to be dependent on a man again.)*

   The quote is false in the following respects:
   - *The reader is not privy to her emotions and feelings even at times when she is at her most vulnerable, e. g. Helen's death.*
   - *The reader always has the feeling that the narration remains on the surface (plot level); one does not get a lot of insight into the character's emotional life.*
   - *The first-person narration does not allow a wider perspective on Lily, which might help the reader understand her better.*

In recent years, both biographies and autobiographies have enjoyed increasing popularity. One might ask why this genre appeals to so many people. Thomas Cirignano gives the following explanation: "Each of us is a book waiting to be written, and that book, if written, results in a person explained." This means that a book about a person is not just the story of a life, but also an analysis of a person's character.

In some respects, Cirignano's quote is also true of Walls's true-life novel *Half Broke Horses*. The book tells the story of Lily Casey Smith from her early childhood into the 1960s, and consequently many events of her life are rendered. However, the book is more than a list of facts. Jeannette Walls also tries to make the reader understand Lily's character. The reader learns a great deal about the factors that have shaped her attitudes towards life. Growing up on a farm that her parents are unable to run, for example, she quickly realises that if you want to get something done, you have to do it yourself – an attitude she never loses throughout her life. Jeannette Walls also explains the motifs that influence Lily's choices: after the disappointment of her first marriage, for example, it is she who proposes to Big Jim and lays out the ground rules for their partnership because she does not want to be dependent on a man again.

Yet, there are several things that are left wanting. There are hardly any passages in the novel in which the reader is privy to Lily's emotions. This is especially disturbing in passages concerning great emotional challenges, such as her sister's suicide. The reader always has the feeling that the narration remains on the surface – the plot level; one does not get a lot of insight into the character's emotional life.

Another factor that makes the reader doubt that *Half Broke Horses* really explains Lily's character is the choice of narrative perspective. As the whole novel is told in the first-person, the reader only has a very limited view on the events related. Due to the lack of outside perspective on Lily and the character's constant refusal to doubt herself, the narrative feels one-sided and incomplete. That is why the reader does not get the impression that Lily's character has been fully "explained".

(388 words)

Teil II: Composition

2.1 *Meaning of the quote:*
Anyone can make a difference no matter how seemingly insignificant he or she is.
The quote is true in the following respects (example points):
- *If you sponsor children from less economically developed countries, they can go to school and make a better life for themselves.*
- *You can improve the life of many individuals if you support social projects, e. g. free tutoring of children in need.*
- *By recycling diligently, you can set a good example which other people might follow.*

The quote does not apply in the following respects (example points):
- *Endeavours like recycling only have a significant effect if many people participate.*
- *Likewise, global warming can only be tackled if many countries make an effort.*
- *In matters like war and peace, an ordinary citizen can hardly influence the course of events; these issues have to be dealt with on the political level.*

In our globalised world, that seems to be governed by multinational companies and a myriad of international organisations and alliances, an individual might often feel rather powerless and insignificant. In Lily's opinion quite the opposite is true; according to her, "(a)nyone who thinks he is too small to make a difference has never been bit by a mosquito."
On the one hand, Lily is certainly right. If you sponsor children from less economically developed countries, for example, they can go to school and make a better life for themselves – just because of your help. And it is not only in developing countries that you can make a difference. If you support social projects in your vicinity, such as free tutoring for children in need, you can improve the life of many individuals. You can also make a direct impact on anyone's life if you lend them a hand when they need it. One of the biggest challenges facing the planet today is the protection of the environment. Every little effort helps in this field. If you recycle diligently, you not only help to reduce waste, but you also set a good example that other people might follow.
There are, however, issues that cannot be tackled by a single person. If you are, for instance, the only person to recycle your waste, your impact will be negligible. Likewise, global warming can only be dealt with if many countries make

an effort. The world is not safe from nuclear fall-out just because Germany has given up on nuclear energy. Furthermore, in matters like war and peace, an ordinary citizen can hardly influence the course of events. These issues have to be dealt with on the political level.
As we can see, an individual person can have a significant impact in some respects, whereas it is almost impossible in others. This, however, should not discourage people from individual action because it is individuals who form a society. As we saw during the Arabian Spring many individuals can make a change if they work together. *(340 words)*

2.2 *Lily has to face many challenges in her life and the book does not define which one is the biggest. It is up to you to decide what you want to talk about here. You can refer to the following incidents:*

- *The flash flood in which Lily saves her siblings*
- *Becoming a teacher in spite of many obstacles (school is far away, father does not pay for tuition, teachers return after war, in Chicago she has to work to be able to go to college, she is discriminated against because she is a woman ...)*
- *Getting over the disappointment of her first marriage and finding a new love*
- *Finding her way during the Great Depression when she and Jim lose the garage (bootlegging, visit of the police ...)*
- *Dealing with the suicide of her sister*
- *Raising her daughter, who is like a half-broke horse*

Oprah Winfrey = O　　　　Lily Casey Smith = L

O: A warm welcome to my guest today – Mrs Lily Casey Smith. She grew up in the West and has had a very interesting life. For instance, she broke wild horses. Lily, tell us, what did you learn from this experience?

L: Thanks for having me on the show. I must admit I haven't seen it very often, so I hope I'll do alright. My father taught me to break the horses on our ranch when I was still a little girl. The first thing you need to break horses is to learn to think like a horse so you know how to break their will. The other thing, of course, is to learn how to fall, because this happens quite often in this business.

O: Learning how to fall – that sounds interesting. Is that something you could also apply to other areas of life?

L: Certainly. For example, I lived in Chicago for a couple of years. I slaved as a housemaid, lost a dear friend and married a man who turned out to be a bigamist. The worst thing was that he took all the money from our joint account, which means that I left Chicago with as little money as I had when I came. Still, it was a good experience for me, because I learned not to despair whatever life throws at you. Back then I needed to redefine my goals.

O: And what did you do?

L: I took up teaching again, which I had done previously during WWI. I went to a place called Red Lake in the middle of nowhere, but I was glad because I felt I had finally found my purpose in life.

O: So, would you consider teaching in a remote village school the biggest challenge of your life?

L: I find it hard to think in those terms. If you have lived in times and circumstances like mine, you consider life your biggest challenge. But if I had to name my three biggest challenges, they would be my sister's suicide, the Great Depression and bringing up my daughter Rosemary, who turned out to be the only child I couldn't teach.

O: And how did you deal with all these hardships and difficulties?

L: Hah, that's quite simple. I learned that on our farm in Texas. When you fall off a horse, you have to get up and try again. So, whatever life throws at you, deal with it the best you can and that's all you can do.

O: Thank you so much for your time and all the best for your future.

L: Thank you, the same to you. *(450 words)*

Material A

Westward Movement

The American West was a time, and a place. But above all it was a state of mind. 1
For pioneers staring, hip-cocked, into the virgin land of the setting sun, the West represented a new start, the future of endless possibilities, a place where a man or woman might make something of themselves. Wrote Helen Carpenter in her diary on 26 May 1857, the day she began her journey across the plains in an ox wagon: "Ho – for California – at last we are on the way – only seven miles from home (which is to be home no longer) yet we have really started and with good luck may some day reach the 'promised land'"

The promised land of the West did not always turn out to be the Eden of pio- 2
neer expectations. "Oh, the trees, the trees," lamented one settler in Kentucky, faced with the awesome task of clearing the looming, claustrophobic forest. Yet, whether they liked it or loathed it, those who endured life on the remote frontier became transformed, even as they transformed the land around them. They became less urbane, less European in outlook. The frontier mentality thus formed was independent, optimistic, eager for material success, and scornful of rank, pretension and class. Nearly all travellers to the New World noted these pronounced traits. The English writer Anthony Trollope, visiting the USA in the early 1860s, commented in his *North America* (1862) that "there is an independence which sits gracefully on their [the Americans'] shoulders, and teaches you at first glance that the man has a right to assume himself your equal."

The frontier spirit was born long before men and women moved to settle the 3
big, rolling lands beyond the Mississippi. Although the decades 1860–1890 are often equated with "the American West", the frontier, the moving edge of settlement into the "wilderness", began on the Eastern side of the Appalachians in the seventeenth century. The final sweep of settlement, the conquering of trans-Mississippi America, was but the finale of a process which had been hundreds of years in the making. Many of those who homesteaded the Great Plains were the descendants of farmers who had toiled on land of the Eastern coastal belt. And pioneers nearly always went West, not North or South, so keeping within familiar climatic zones. New Englanders stuck to the upper reaches of the West; Virginians and Carolinians headed for Alabama, and then crossed the Mississippi into Louisiana, Arkansas, and Texas.

Land for farming was the great spur which prompted men and women to go 4
West. (The cowboy on horseback might be a more romantic, attractive figure, but it was the pedestrian "sod-buster" who tamed the bulk of the West; agriculture was the new country's basic endeavour.) Sons of farmers, on finding the family claim too small to sustain division, left home and trekked West to find a

place of their own. And then, in turn, their sons did the same. Southerners also found themselves driven westwards by soil exhaustion; their cash crops of tobacco and cotton took a heavy toll on the earth. The relative abundance of land did little to encourage good husbandry. There always seemed to be more land for the taking.

That is, for the taking from the continent's original inhabitants, the American 5
Indian. For the land the settlers thirsted for was not unoccupied; the Indians had to be persuaded to part with it, or prised off it by force. If the frontier mentality had attractive features, it also had ugly aspects. It justified the cleansing of Indians from their lands in the name of Manifest Destiny, and encouraged the cult of the gun, the use of firearms to settle all matters, big or small. To "win" the West took the White man nearly three hundred years of warfare.

What befell the Indian was a tragedy, even a travesty. At times something like genocide was practised against the native people of America. But it is wrong to picture the American Indian as a noble but hapless victim. There are few innocents in war. The Indians did not see themselves as a homogenous entity, just as Europeans do not see themselves as alike, but as English, French, or German. Some Indian tribes, in conflict with their aboriginal neighbours, allied themselves with the White man as a means of winning local power struggles. […]

None of these culpabilities, however, excuse the treatment of America's na- 6
tive people by the White man. They are only given to illustrate the intricacy of the history of the West. The winning (or losing) of the American West is the greatest story ever told, bar one epic of biblical times, but it is not a simple tale of Good versus Bad, however these attitudes are apportioned. Western history is infinitely shaded.

And it is even more wondrous and terrible than its fictional and mythic tellings. Few of the legends of the West, the Earps and the Jameses, have much substance when truth is applied, but even a dime novelist would blush to write a scenario where a lone gunfighter engaged 80 assailants and won – which is exactly what Elfego Baca did in 1884. Baca was no superhuman but a naive teenager who wanted to be a lawman and who had tired of local anti-Hispanic racism.

It could only happen in the West, that place of nobility and endless possibilities, cruel violence and depredation. *(899 words)*

From: John E. Lewis, The Mammoth Book of the West. p. XI–XIV. New York: Carroll & Graf Publishers, Inc. 1996

Annotations

line 2:	hip-cocked: a way of standing; one hip is noticeably higher than the other
line 9:	Eden: a place or state of great happiness; an unspoiled paradise
line 11:	claustrophobic: uneasy and irrational feeling of being locked in or confined in a narrow space
line 35:	sod-buster: farmer
line 41:	husbandry: cultivation of crops and breeding of animals
line 50:	travesty: a false and absurd representation
line 70:	depredation: robbery, plundering

Material B

A SCHOOL FOR SAVAGES; or, Teaching the Young Idea not to Shoot.
BIG INJUN. "White man, hold on; we want to Big Talkee."
GENERAL SHERIDAN. "No, no. I'll Whip you first, then you can Big Talkee afterward."

Frank Bellew. In: Harpers Weekly, 16 Jan 1869

Annotation
Injun: derogatory word for a Native American *("Rothaut")*

Teil I: Comprehension

Content 10 VP

Give reference from the text where asked for: Write down the line(s) plus the first three words and the last three words of the quote(s) to support the solution you have chosen.

1. Read Material A and match each paragraph (1 to 6) with a suitable heading. Choose from alternatives A–I. There are two more headings than you need to use. **3**

   A The fate of the Native Americans

   B The power behind the nation's growth

   C Forming the nation's character

   D The tradition of the frontier spirit

   E The unsettled West: The place for a new start

   F Myth and reality of the West

   G The arrival in the New World

   H Crossing the Rocky Mountains

   I The real conquerors of the West

Paragraph	1	2	3	4	5	6
Heading						

2. Read Material A and quote the sequence from the text which expresses that …

   a) pioneers and settlers did not always find what they had hoped for. **1**

   line(s) ______ : ______________________________

   ____

   ____

   b) the venture into unknown territory began before the end of the 19th century. **1**

   line(s) ______ : ______________________________

   ____

   ____

3. Complete the sentence in your *own* words. 1

Southerners moved West because …

____

____

____

4. Read Material A and quote the sequence from the text which expresses that …

a) people went West to cultivate the soil and grow crops. 1

line(s) ______: ______________________________

____

____

b) the American natives were not all innocent sufferers of injustice. 1

line(s) ______: ______________________________

____

____

	true	false	
5. Indian tribes cooperated with white settlers.	☐	☐	1

line(s) ______: ______________________________

____

____

6. Complete the sentence in your *own* words. 1

The author further describes the role of the Indians in the war because he …

____

____

____

Teil II: Analysis

Content 10 VP / Language 15 VP

1. Describe the cartoon (Material B) and relate its message to Material A.

Teil II: Composition

Content 10 VP / Language 15 VP

Choose *one* of the following.

2.1 Lily – the ideal of a pioneer woman?

Discuss the achievements and failings of the main character in Jeannette Walls' book.

or

2.2 In view of the increasing energy demand, countries all over the world have different approaches to generating electricity.

Discuss the pros and cons of Germany's energy policy from nuclear power to renewables *(Energiewende)*.

Lösungsvorschlag

Teil I: Comprehension

In this reading comprehension there are many different tasks. Do not try to solve them all at once, but read the text several times. In the first task you have to look at the structure of the text and say what the paragraphs are about. This will help you in the following tasks, e. g. 4 b) is about Native Americans, and the information is in paragraph 5 ("The fate of the Native Americans").

1.

Paragraph	1	2	3	4	5	6
Heading	E	C	D	I	A	F

2. a) lines 9/10: "The promised land of the West did not always turn out to be the Eden of pioneer expectations."

   b) lines 22–25: "Although the decades [...] the seventeenth century."

3. Southerners moved West because **their land was no longer fertile after they had planted tobacco and cotton. (cf. lines 38–40)**

4. a) **lines 33/34: "Land for farming [...] to go West."**

   b) **lines 51/52: "But it is [...] but hapless victim."**

	true	false
5. Indian tribes cooperated with white settlers.	☒	☐

lines 55/56: "some Indian tribes, [...] local power struggles."

6. The author further describes the role of the Indians in the war because he **wants to show that history is complicated and that there is no "black and white" or "good and bad" in a war. (cf. lines 58–61)**

Teil II: Analysis

1. *Key points:*
   Description:
   - *Scene in a classroom (desk, bench, map, placard: Bible)*
   - *General Sheridan whipping a Native American on his knees*
   - *Another Indian looking in*
   - *A gun on the desk, a tomahawk and another gun on the floor*

Message and relation to text:
- *Criticism of cruel treatment of Native Americans by white men*
- *Main text: pioneers took land from the original inhabitants by force*
- *Illustration of termination policy in the 19th century*
- *Warning to all Indians*
- *Offensive and patronising treatment of Indians*
- *Manifest Destiny (ref. to main text) as justification for cleansing*

Conclusion: Cartoon condemns unjustified use of force

The cartoon presented as Material B shows a scene in a classroom of a School for Savages (cf. caption). There is a desk in the background, a school bench on the left and a map on the wall showing the Indian Reserves. A placard at the top of the wall bears the inscription, "BY THE SWEAT OF YOUR BROW SHALL THOU EAT BREAD" and "AND YOU WILL BE HAPPY". We can see three people, a white man, whom the caption identifies as General Sheridan, and two Native Americans. The General, dressed in uniform and wearing boots, is about to whip an Indian who is on his knees, trying to fend off the beating. The Indian pleads, "White man, hold on; we want to Big Talkee." However, Sheridan is unrelenting. A second Indian is looking in through the open window, watching the scene in horror. On the desk you can see a gun and on the floor there is a tomahawk and another gun, which looks as if someone fired it recently. This explains the caption "Teaching the Young Idea not to Shoot".

The message of the cartoonist is quite clear. He is criticising the cruel treatment of the Native American population by the white conquerors. As it says in the main text, the pioneers took the land from the original inhabitants by force and drove them from their hunting grounds into reservations. The cartoon shows General Sheridan, who was a leading commander in the American Civil War and later in the Indian Wars. The army stepped in with utter cruelty to crush any Indian rebellion. The inscription on the wall is taken from the Old Testament, where God punishes Adam and Eve for their disobedience. In a God-like manner, Sheridan is punishing the young Indian for firing a gun. The Indian wants to talk in order to come to a peaceful compromise, but the white man is not interested. He is teaching the Indian a lesson in submission.

The artist also denounces the patronising way in which the white man treated the Native Americans. The doctrine of "Manifest Destiny" (line 47), here represented by the caption "A School for Savages", was developed to justify the cleansing of the native population and the annexation of Indian territory as a benevolent mission.

All in all, the cartoonist illustrates and condemns the unjustified use of force against the Native Americans during the westward movement. *(401 words)*

Teil II: Composition

2.1 *Key points:*

Introduction: novel tells the life story of Lily Casey Smith, born in 1901

Main part:

Lily's achievements:

- *Self-confidence: takes charge from early on*
- *Stamina (physical and mental strength):*
  - *overcomes disappointment (bigamist husband, sister's suicide)*
  - *deals successfully with challenges (confrontation with Uncle Eli, County Sheriff)*
  - *never despairs, tries to bounce back*
  - *puts up with hardship and hard work*
- *Independence: free outdoors, uncomfortable in city*
- *Zest for learning: student and teacher*

Lily's failings:

- *Headstrong and stubborn (clashes with Rosemary)*
- *Rigid behaviour: unable to give up old habits (weapon in Phoenix)*

Conclusion: Lily represents the ideal of the pioneer woman, problems with adapting to modern times

In *Half Broke Horses* Jeannette Walls tells the life story of her grandmother Lily Casey Smith. Born in 1901 on Salt Draw, a deserted place in West Texas, Lily quickly becomes her father's right hand and displays her strong nature.

Among the most positive features of her character are her self-confidence and independence. As her father Adam is handicapped, Lily takes charge from early on. She has to help train horses and raise her siblings. Lily soon realises that she is more competent than her parents in coping with difficult situations and this gives her an enormous feeling of self-confidence.

As she goes through hard times in life, Lily shows physical and mental strength. She overcomes disappointment (such as the experience with her bigamist husband or the suicide of her sister) and deals successfully with challenges (such as the encounter with the patriarch of the polygamists). Lily never despairs or gives up.

Since her early childhood Lily has loved the countryside and outdoor life. Whereas to others the wilderness might seem threatening, Lily knows she can cope with any danger. When she goes to live in a big city, she feels uncomfortable and wants to leave as soon as possible. She values her independence more than any comfort or luxury.

Another positive character trait is Lily's zest for learning. She puts a lot of effort into achieving the qualification necessary for her teaching job, which to her is the best job in the world. She loves acquiring knowledge and wants to pass it on to others.

Being a very strong character, Lily always wants to be in charge. However, tensions arise when she confronts a character who is just as headstrong as she is herself. This becomes evident in her relationship with her daughter Rosemary. When Rosemary grows up and starts to develop her own ideas, clashes between mother and daughter become more frequent. Lily is a loving mother but finds it very hard to let go.

To a certain extent her strength turns into stubbornness. Lily seems unable to give up old habits. When she joins the teaching staff in Phoenix, she insists on carrying a weapon to defend herself. It becomes obvious that Lily cannot adapt to the more civilised ways people have developed to organise their lives in a larger community.

All in all, Lily represents the ideal of the pioneer woman of the West, who displays all the virtues that were once needed to conquer unknown territory. However, with her rigid manners and outspoken behaviour, she is sometimes her own worst enemy.

(426 words)

2.2 *Possible structure:*

Introduction: Fukushima disaster caused the German government to phase out nuclear energy by 2022

Main part:

Against new energy policy:

- *Energy prices will rise because of:*
  - *High costs for offshore wind farms and power grid*
  - *Subsidies for wind farms and solar arrays*
- *Industry's competitiveness on the world market is damaged*
- *Alternative energy sources are unreliable (shortages and blackouts)*

Pro new energy policy:

- *Germany will become energy sufficient (independent of imports)*
- *Positive for the environment (solution to global warming, climate change)*
  - *Germany sets an example for other nations to follow*
  - *A new expertise in green power generation will be developed*

Conclusion: The turn in energy policy is a great challenge but a worthwhile enterprise

In 2011 dramatic pictures of the destruction of the Japanese nuclear power plant at Fukushima shocked the world. The TV footage brought back memories of the meltdown of a reactor in Chernobyl in 1986 which spread radioactivity across large parts of Europe, endangering the health and lives of millions. The Fukushima disaster caused the German government to reverse its nuclear-friendly energy policy.

Opponents of this turnaround are quick to point out the disadvantages of shutting down atomic power stations.

One argument is that energy prices will rise. If energy is generated in huge offshore wind parks it has to be distributed throughout the whole of Germany and the construction of new power lines will add to energy costs. It is not surprising

that industries which are dependent on energy are concerned about rising electricity prices.
Another argument is that nobody can predict whether alternative energy sources will be able to meet the country's energy needs. On cloudy and windstill days and nights Germany might need to import electricity from countries such as France, where electricity is generated in nuclear power stations. There are also fears that consumers may have to cope with power shortages and blackouts.
On the other hand, environmentalists welcome the new energy policy with its reliance on renewable sources.
If energy is produced in wind parks and solar arrays in Germany, the country will become energy efficient. This means that fossil fuels will no longer have to be imported from countries with undemocratic or dubious regimes, such as Libya used to be.
What is even more relevant is the fact that the new energy policy will reduce global warming. Using alternative sources for generating power will cut greenhouse emissions. In this respect Germany may lead the way in the use of renewables and serve as an example for other nations to follow. The country's leading position in atomic power technology might be lost, but it will develop a new expertise in green power generation.
The transition from nuclear power to alternative sources will be a difficult process – even more so, when people's memories of the Fukushima disaster become weaker – but the effort will be worthwhile, because it will solve one of the biggest global problems today, the issue of climate change. *(375 words)*

Schriftliche Abiturprüfung Englisch
Baden-Württemberg 2014

Text

The British, so the cliché goes, are a repressed lot. Faced with an awkward subject, they avoid it, change the subject, make tea. Nowhere is this more so than with the topic of the British Empire. The subject of fascination, hatred, and admiration throughout the world, the history of the empire is largely avoided in Britain itself: a bloody, embarrassing episode everyone would rather forget. And a new BBC prime-time documentary TV series, *Empire,* is raising eyebrows in Britain by accusing the country of being in just this kind of denial: "Pretending we don't need to think about it is just stupid," say the program's creators.

The history of the empire is conspicuously absent from the British school curriculum. Growing up in late 20th-century Britain, my generation studied the history of the British Isles up to the 18th century, then leapt over the empire to focus on everything from the Russian Revolution to the history of African-Americans in America to World War II. Faced with a multiethnic classroom full of immigrants from Asia, the Middle East, and Africa, my teachers were no doubt relieved to focus on the evils of Hitler and the greatness of Martin Luther King than on the divisive issue of how the ancestors of one part of our classroom ruled over and occasionally slaughtered the ancestors of the other part. It would have led to fights in the playground at the very least. So much easier to sweep all the Indian mutinies, Boer War concentration camps, and Caribbean slave colonies under the carpet.

Empire determinedly sets out to confront Britain's colonial past in a spirit of sprightly self-flagellation: "It was the empire on which the blood never dried," says the presenter. What follows are travels across Britain's former dominions on what could literally be described as a massive guilt trip. The host asks an Egyptian: "Is there absolutely nothing good we did here?" "Nothing," says the Egyptian, who with delicious irony wears a very British tweed suit. "All imperialism is bad."

But the program's ultimate goal is not merely a cataloging of the empire's sins but to show how the idea of Britain is impossible without an understanding of the history of empire: "The country we live in – the United Kingdom – is an imperial creation. It's to the empire that we owe our sense of ourselves as somehow special. It has even changed the genetic makeup of the British people. Yet we insist on pretending it is behind us," says the host.

While the BBC's series tries to come to terms with the empire's past, a new reality show on a rival network, Channel 4, is dealing with the even more difficult problem of how the offspring of Britain's colonial adventures now have to find a way to live together. The program, *Make Bradford British,* focuses on what is arguably Britain's most fractured town, a place famous for its ethnic riots. The program puts an orthodox Muslim, a racist white policeman, an Asian-bashing black woman, and other assorted multicultural products of the British Empire's aftermath together in one house.

Their religious and ethnic conflicts quickly rise to the surface, before they start to soften, cry, and search for their common Britishness. They claim to feel British, but most stutter and stare confused into the camera when asked to define it.

Both programs are tapping into a potentially fatal national identity crisis. This year is meant to be a particularly patriotic year for Britain: the country is celebrating the queen's Diamond Jubilee, and the Olympics are coming to London. But below the bunting, Britain has had – after decades of avoiding the question – to start facing up to the problem that it has little common idea of who on earth it actually is. If the BBC's *Empire* takes the aggressive approach to therapy, demanding that the patient owns up to his blind spots, *Make Bradford British* goes for a more touchy-feely, group-therapy approach. But what's perhaps most telling, and most British, about these attempts to come to terms with the country's past and present is that this process is playing out chiefly on television rather than through state, educational, or religious institutions. Television plays a curiously vital role in Britain. In a deeply private and, yes, somewhat repressed culture, TV is the way Britons bond and deal with things. Some cultures stay up all night talking and drinking to deal with their problems, others turn to the church – the British switch on the TV. *(746 words)*

Peter Pomerantsev: BBC Series Empire Confronts British with Colonial Past.

Annotations

line 21: flagellation: the act of whipping as a form of punishment
line 48: to own up to: to admit

Teil I: Comprehension — Content 10 VP

For multiple-choice or true/false questions please note:

- Tick the correct solution(s).
- Give reference from the text: Write down the line(s) plus the first three words and the last three words of the quote(s) to support the solution you chose.

0. Example 0

According to the text, the history of the British Empire is a topic that

- [x] British people try to ignore whenever possible.
- [ ] British people want the rest of the world to focus on.
- [ ] fascinates many British historians.
- [ ] is being discussed in detail in Great Britain and all over the world.

line(s) 4 : "the history of ... in Britain itself"

1. The British school curriculum **1**

- [ ] deals with the role of the British Empire in Asia, the Middle East and Africa.
- [ ] focuses on the time after the British Empire.
- [ ] neglects the study of the British Empire altogether.
- [ ] requires the study of the British Empire in a global context.

line(s) ______: ________________________________

____

2. When the author was a student, discussing the origins of multi-ethnicity in Britain could have resulted in **1**

- [ ] arguments among teachers.
- [ ] confrontations among students.
- [ ] criticism of the curriculum.
- [ ] disputes between generations.

line(s) ______: ________________________________

____

	true	false	
3. In the TV series *Empire* the imperial past is portrayed in a well-balanced way.	☐	☐	**1**

line(s) ______: ________________________________

____

4. Complete the sentence in your *own* words. **1**

According to the author the situation of the Egyptian in the tweed suit saying "All imperialism is bad." (line 25) is ironic because

____

5. Tick the two correct solutions and give the appropriate quotes. **2**

The idea behind the TV series *Empire* is that confrontation with the British Empire would help the British to

- [ ] apologize for their ancestors' cruel behavior.
- [ ] become aware of the crimes of the empire.
- [ ] celebrate the changes it brought about.
- [ ] put it behind them and look to the future.
- [ ] understand ethnic diversity in Britain today.

line(s) ______ : ____

____

line(s) ______ : ____

____

6. A new reality TV program in Britain focuses on 1
   - ☐ how people from different ethnic backgrounds explore their shared identity.
   - ☐ how people who live in Bradford deal with their ancestors' past.
   - ☐ what Britons from different ethnic backgrounds know about the unrest in Bradford.
   - ☐ why people from different ethnic backgrounds live in Bradford.

   line(s) ______ : ____

   ____

7. Complete the sentence in your *own* words. 1

   According to the text Britons prefer to deal with problems by means of TV because

   ____

8. Write the letters *a, b, c, d* in the appropriate column. One or more columns might remain empty. 2

TV program *Empire*	**TV program *Make Bradford British***	**neither TV program**	**both TV programs**

a) attempting to cure a British ailment

b) concentrating on the empire's descendants

c) featuring politically incorrect attitudes

d) offering ready-made solutions

Teil II: Analysis

Content 10 VP / Language 15 VP

1. Analyse possible causes of identity crises as addressed in the text and in *one* of the following stories (One Language – Many Voices):

   Shooting an Elephant (police officer) or

   The Second Hut (Major Carruthers) or

   A Meeting in the Dark (John) or

   A Pair of Jeans (Miriam)

Teil II: Composition

Content 10 VP / Language 15 VP

Choose *one* of the following:

2.1 Discuss the following statement: "Yes, it [the British Empire] was far from perfect, but we are all living under an empire right now! The consumerist empire of the USA, the exploitation, the greed, the slavery, it is still happening …" (Reader's comment in "The Guardian" 2012)

or

2.2 "America – the land of the free?" – Comment on this quote, referring also to the message of the cartoon below.

Matt Wuerker

Lösungsvorschlag

Teil I: Comprehension

Your teacher is not free to decide which solution he/she will accept in the reading comprehension. This means that in multiple-choice exercises or true/false exercises only one solution is possible. You will only get the credits if you tick the right case AND add a suitable quote. In some cases, there may be more than one suitable quote (cf. Task 3). Use only ONE quote here to avoid making unnecessary mistakes. The quotes have to contain the first three words and the last three words of the relevant passage.

1. The British school curriculum
   - ☐ deals with the role of the British Empire in Asia, the Middle East and Africa.
   - ☐ focuses on the time after the British Empire.
   - ☑ neglects the study of the British Empire altogether.
   - ☐ requires the study of the British Empire in a global context.

   lines 9/10: "The history of … British school curriculum."

2. When the author was a student, discussing the origins of multi-ethnicity in Britain could have resulted in
   - ☐ arguments among teachers.
   - ☑ confrontations among students.
   - ☐ criticism of the curriculum.
   - ☐ disputes between generations.

   lines 17/18: "It would have … the very least."

	true	false
3. In the TV series *Empire* the imperial past is portrayed in a well-balanced way.	☐	☑

lines 20/21: "Empire determinedly sets … sprightly self flagellation"

or

line 21: "It was the … blood never dried"

or

lines 22/23: "what could literally … massive guilt trip."

4. According to the author the situation of the Egyptian in the tweed suit saying "All imperialism is bad." (line 25) is ironic **because the Egyptian is not aware that he is contradicting himself by wearing a British product.**

5. The idea behind the TV series *Empire* is that confrontation with the British Empire would help the British to

   - [ ] apologize for their ancestors' cruel behavior.
   - [x] become aware of the crimes of the empire.
   - [ ] celebrate the changes it brought about.
   - [ ] put it behind them and look to the future.
   - [x] understand ethnic diversity in Britain today.

   line 26: "But the program's … the empire's sins"

   and

   lines 29/30: "It's to the … the British people."

6. A new reality TV program in Britain focuses on

   - [x] how people from different ethnic backgrounds explore their shared identity.
   - [ ] how people who live in Bradford deal with their ancestors' past.
   - [ ] what Britons from different ethnic backgrounds know about the unrest in Bradford.
   - [ ] why people from different ethnic backgrounds live in Bradford.

   lines 32–35: "a new reality … to live together."

   or

   lines 39/40: "Their religious and … their common Britishness."

7. According to the text Britons prefer to deal with problems by means of TV because **they would rather watch TV than discuss their problems in public. (cf. lines 52–55)**

8. *Statement a) "attempting to cure a British ailment" is true for both TV programs (cf. lines 20–22 and lines 32–35). Statement b) "concentrating on the empire's descendants" clearly refers to* Make Bradford British *("how the offspring of Britain's colonial adventures now have to find a way to live together", lines 34/35). Statement c) "featuring politically incorrect attitudes" also refers to* Make Bradford British: *"The program puts an orthodox Muslim, a racist white policeman, an Asian-bashing black woman, and other assorted multicultural products of the British Empire's aftermath together in one house" (lines 36–38). Neither* Make Bradford British *nor* Empire *offers any solutions. Thus d) belongs in the box, "neither TV program".*

TV program *Empire*	TV program *Make Bradford British*	neither TV program	both TV programs
–	b, c	d	a

Teil II: Analysis

1. *This task consists of two parts. Do not overlook the first part – it is worth half of the credits given for the content of the task. You have to analyse the "possible causes of identity crises" (plural!) which are presented in the text you have read for the reading comprehension. In the second part of the task you have to analyse identity crises in ONE of the short stories mentioned. Please take care not to analyse more than one of the stories mentioned. Dealing with more than one of them would be a waste of energy and will not earn you extra credits. In the following you will find a solution for each of the short stories. The first part is always the same.*

Part I: Causes of identity crises as addressed in the text

According to the Oxford Advanced Learner's Dictionary, identity can be "the characteristics, feelings or beliefs that distinguish people from others." An identity crisis can be the state of an individual or of a nation having uncertain feelings about itself.

With regard to the text, it can be said that Britain is described as a nation which has not been able to deal with a chapter of its past that is considered to be more and more controversial and that is therefore shunned in public and in private, and especially in the school curriculum. Since there are dark sides to the topic of the empire, it is entirely swept under the carpet. The answer to the question of how it could happen that one single nation could suppress, exploit and rule over large parts of the globe is glossed over by the celebration of events that directly or indirectly have to do with this dark chapter. It seems as if the nation as a whole is neither willing nor able to deal successfully in a national discourse with a past that, to say the least, was ambiguous. When confronted with the truth, the British go hiding behind their TV screens and thus evade answering the question of who they really are. *(210 words)*

Part II:
Shooting an Elephant – the police officer

From the very beginning the reader learns that the author-narrator is in two minds about empire. He is all against it, although it earns him a living. This in itself can be seen as an identity crisis of its own. According to the proverb, "He who pays the piper, calls the tune", the author should sing the praises of the empire. Yet he frankly admits that he hates the empire, but also that he hates those who render his job impossible.

When he as a representative of the empire is asked to shoot an elephant which has gone wild, he refuses to live up to this role. However, when the pressure of the crowd becomes stronger and stronger, he not only changes his mind but slips into the very role he detests. He succumbs to the pressure of the crowd, and although he does not know how to kill such a precious animal, he gives in and shoots the peacefully grazing animal just in order not to lose face. In doing so he betrays his real identity as an enemy of a system he is part of.

In a way he sells his soul to a devil he hates to worship. *(201 words)*

or

The Second Hut – Major Carruthers

At the very beginning of the short story the reader is told that the Major cannot identify with his role of being a soldier, and when fate, not his own will, makes him a farmer in Africa, he has to assume a role he has not been prepared for. He tries to adapt to his role as best he can and treats his native labourers according to the ideal of an English gentleman. When he realises that he cannot deal with cattle, he employs a member of an enemy state on the condition that his salary will be low and the hut he lives in is very small. By chance he discovers that van Heerden has a wife and nine children, which leads to an identity crisis: should he dismiss van Heerden and his large family, or should he have a second hut built for them? Although the bossboy asks him to dismiss van Heerden, and although he knows that this might lead to problems, the Major asks his employees to build the second hut for their most hated enemy on a Sunday because he feels obliged to maintain his identity as a gentleman farmer. However in trying to serve both sides he seals his own fate. When at last he admits his failure and writes to his family back home in England, each word is really a nail in the coffin of his pride as a man.

(238 words)

or

A Meeting in the Dark – John

John has been brought up in two opposing traditions. The tradition of his tribe is represented by his mother, who likes to tell John the stories of their ancestors. John's father is a convert and now teaches one of the most rigorous forms of Christian teaching, Calvinism, to his family and his tribe. John becomes so absorbed with it that in the eyes of the native population he is considered a model of moral perfection. Never, they think, would he betray the tribe.

In Stanley's eyes, however, John is the product of sin, since John was conceived out of wedlock in a pre-marital encounter. Ironically, the same happens to John when he is attracted to beautiful Wamuhu. When she puts him under pressure to publicly admit what has happened, John is in two minds about how to decide. The

ghost of his tribal past reminds him that he has already left what was home to him. He has acquired the white man's learning and is therefore unable to marry Wamuhu, a circumcised woman, who belongs to the tribe and its customs.
A final cause for this identity crisis is certainly John's ambition. Fulfilling Wamuhu's wish would ruin his prospective academic future. *(201 words)*

or

A Pair of Jeans – Miriam

Miriam was born into a Pakistani family in Britain, has grown up here, and has acquired Western culture as a college student. It is natural for her to wear Western clothes as a sign of having adopted Western values. However, when she is together with her future in-laws, she is always dressed in traditional clothes. Thus, they assume that she will meet their expectations and be an obedient daughter-in-law. They are shocked when they see her in Western clothes on the special occasion when details for the wedding to their son Farook are to be settled. Now they must assume that Miriam no longer identifies with Pakistani family values. This is why they cancel the wedding.
When in the first ending Miriam learns that the engagement has been broken off, she goes to her room, pulls out the clothes that have brought her doom and tramples on them as if to symbolically put an end to a misconception of herself.
In the new or second ending Miriam is not content to give in to someone else's wishes. In an act of growing awareness of herself she defies the idea of an arranged marriage. She liberates herself and does the most natural thing among partners: she goes to see Farook and talk things over with him and no one else. *(219 words)*

Teil II: Composition

2.1 *It is part of the task to give a balanced view of the British Empire, which is difficult, especially at a time when it is under revision. A viable way for students to deal with this might be to draw upon what they have learnt from reading the short stories. As to the second part of the statement – the consumerist empire of the USA – students might draw upon what has been discussed while studying the topic of globalisation in class as well as their own knowledge and experience.*

It is true that the British Empire "was far from perfect". On the debit side of its balance sheet one could mention slavery, exploitation, mass massacres, and cultural and religious imperialism. Examples of these can be found in *An Outpost of Progress* (exploitation, greed and slavery), in *The Force of Circumstance* (sexual exploitation linked with economic exploitation), in *Shooting an Elephant* (domination, exploitation and cultural superiority), and in *The Second Hut* (economic exploitation and cultural superiority). An outstanding example of the negative sides of religious and cultural imperialism is *A Meeting in the Dark*: here the

religion of the oppressor has been adopted by the suppressed to such a degree that it has lethal consequences. If any of those who had to suffer under the empire were asked if there had been any positive sides to it, the answer would definitely be NO! And yet, there must have been something to it – or else the Commonwealth of Nations would not exist. Its charter promotes the very values which were neglected and suppressed during colonial times, such as democracy, separation of powers, human rights and freedom of expression.
The quote mentions the consumerist empire of the USA. It compares the huge influence of American companies on our lives to the influence the British had on their colonies and it is true: We are surrounded daily by products of internationally operating US-based American firms like Google, McDonalds, Microsoft, Apple and Amazon. However, unlike "natives" living under the British Empire, today's citizens of the world are free to choose – even at a price. The price of rejecting Google, Apple or Microsoft would be living on the wrong side of the digital divide, and this is something no one would wish to do. Although we are dominated by American companies, we also profit from their services.
McDonalds has succeeded in influencing the world just like Coca Cola before it. Greedy they may be, and exploitation in terms of salaries, wages and working conditions may be reality, but if this is the case, it is also to the benefit of the consumer, and it would be up to him or her to put an end to all of that.

(363 words)

2.2 *The cartoon seems to be a direct response to the USA Patriot Act signed by President George W. Bush on Oct. 26, 2001. The Act passed the Congress by 357 to 66, and the Senate by 98 to 1. "UNITED WE STAND", therefore, are appropriate words written on the sweatshirt of the average US citizen depicted in the very centre of the carton. Part of this Act is a "sneak and peek" warrant, i. e. a provision that allows the FBI to obtain data and to require the production of books, records, papers, documents and other items for an investigation to guard against international terrorism or clandestine intelligence activities. The cartoon precisely depicts such a situation. You do not need all this background knowledge to write the composition. You should, however, be aware that after 9/11 individual rights in the US were cut back to guarantee more security for all American citizens.*

From its modern beginnings in 1620, America was meant to be a land of the free. Freedom of religion and the wish to serve God in their own way was the reason the Pilgrim Fathers settled in what was then a British colony. Many more Europeans followed for similar reasons, and when the colonists were no longer willing to pay taxes to the British Monarch for nothing in return, they started a revolutionary war and made themselves independent. In 1776 the Declaration of Independence was drafted, and liberty, equality and the pursuit of happiness became the basic principles on which the new republic should be based.
The terrorist attacks of 9/11, 2001 have, however, changed the country forever, and for the worse. For fear of further attacks, both Houses have passed legis-

lation that profoundly reduces citizens' freedom as guaranteed by the Constitution. Under all these laws it is legal to detain citizens indefinitely, to order without judicial consent or warrant the killing of a citizen considered a terrorist, and to arbitrarily send him either to a federal court or to a military tribunal.
The most far-reaching and most fundamental changes to America's constitutional landscape were brought about by the USA Patriot Act of October 2001. Under its regulations it is, for example, possible for the Executive branch to force individuals, companies and organisations to hand over information on their finances, their business documents, and their private affairs. The President may now order surveillance, including a new capacity to force companies and organisations to turn over information on citizens' finances, communications and associations.
This is exactly what is happening in the cartoon "FEELING SAFER YET?". A patriotic, law-abiding US citizen is being searched by the agents of Homeland Security. His bank records, his private letters and all the information and correspondence on his PC are taken away, forensic evidence is secured, and the boss of them all is ironically asking the victim, "FEELING SAFER YET?"
The cartoon well illustrates what has happened to America since 9/11. The mightiest nation in the world was deeply wounded, and in order to prevent further attacks on its safety, it has abandoned and undermined principles that were laid down in its Constitution for the sake of a safety which can never be fully achieved. This undermining could be viewed as a victory of precisely those who successfully attacked one of the symbols of the land of the free. *(403 words)*

Ihre Meinung ist uns wichtig!

Ihre Anregungen sind uns immer willkommen. Bitte informieren Sie uns mit diesem Schein über Ihre Verbesserungsvorschläge!

Titel-Nr.	Seite	Vorschlag

Bitte hier abtrennen

Lernen • Wissen • Zukunft
STARK

Bitte hier abtrennen

Zutreffendes bitte ankreuzen!

Die Absenderin/der Absender ist:

- ☐ Lehrer/in in den Klassenstufen: ____
- ☐ Fachbetreuer/in
  Fächer: ____
- ☐ Seminarlehrer/in
  Fächer: ____
- ☐ Regierungsfachberater/in
  Fächer: ____
- ☐ Oberstufenbetreuer/in
- ☐ Schulleiter/in
- ☐ Referendar/in, Termin 2. Staatsexamen: ____
- ☐ Leiter/in Lehrerbibliothek
- ☐ Leiter/in Schülerbibliothek
- ☐ Sekretariat
- ☐ Eltern
- ☐ Schüler/in, Klasse: ____
- ☐ Sonstiges: ____

Unterrichtsfächer: **(Bei Lehrkräften!)**

____

STARK Verlag
Postfach 1852
85318 Freising

24-V_Abi

Bitte ausfüllen und im frankierten Umschlag an uns einsenden. Für Fensterkuverts geeignet.

Kennen Sie Ihre Kundennummer?
Bitte hier eintragen.

Absender **(Bitte in Druckbuchstaben!)**

Name/Vorname

Straße/Nr.

PLZ/Ort/Ortsteil

Telefon privat

Geburtsjahr

E-Mail

Schule/Schulstempel **(Bitte immer angeben!)**

(Bitte blättern Sie um)

Abi in der Tasche – und dann?

In den STARK-Ratgebern finden Abiturientinnen und Abiturienten alle Informationen für einen erfolgreichen Start in die berufliche Zukunft.

Alle Titel zu Beruf & Karriere
www.berufundkarriere.de

Bestellungen bitte direkt an:

STARK Verlagsgesellschaft mbH & Co. KG · Postfach 1852 · 85318 Freising
Tel. 0180 3 179000* · Fax 0180 3 179001* · www.stark-verlag.de · info@stark-verlag.de
*9 Cent pro Min. aus dem deutschen Festnetz, Mobilfunk bis 42 Cent pro Min.
Aus dem Mobilfunknetz wählen Sie die Festnetznummer: 08167 9573-0

Lernen • Wissen • Zukunft
STARK

24-V_Abi